中公文庫

芸人たちの芸能史

永　六輔

中央公論新社

はじめに

僕はテレビをみる人達に知って貰《もら》いたい
芸能史の暗い影を
それを求めた観客の貧しさを
健全娯楽をつくる前に
娯楽というものの
淫靡な素姓を見極めなければ
無意味であることを。

*

日本の芸の発生の後めたさを大切にしたい
そして差別に耐え　権威にへつらいながら
受けついできた芸の伝統を

どういう形で僕達が受け継ぐかを
考えなければならないと思う。

＊

僕は資料の中の学者ではない
芸能史の研究家でもない
能・歌舞伎に通うわけでも
浪曲に詳しいわけでもない
従ってこの本の内容は
独断と偏見に満ちている。
ただ僕は芸能を差別することはしない
区別もしたくない
その点だけで自信がある。

＊

僕は昭和八年に生まれた。
十二歳の時には

戦禍の廃墟に立っていた。
日本の伝統が灰になっていた。
二十歳の時にテレビ放送が始まり
僕はそこで働くようになった。
テレビは飢えた豚のように
あらゆる文化・芸能を
その胃袋の中におさめようとする。
その現場から
芸の伝統を解きほぐし
一九六九年　昭和四十四年の時点で
テレビが芸能史をどのように受けとめたか
この本はその体験的なエッセイであり
テレビスタジオからの報告でもある。

永　六輔

目次

芸人たちの芸能史

ブラウン管の河原乞食

僕はテレビの現場の人間として、折に触れ「テレビにおける芸と芸人のあり方」を考えてきた。

日本のあらゆる芸能をテレビが如何《いか》に受けとめるべきか。その逆の形で芸能はテレビをどう受けとめようとしているのか。

テレビに限らず、ラジオ、映画、レコード、活字というマスコミ媒体が明治、大正、昭和という歴史の中で、僕達の芸能と、どうかかわりあってきたのかも含めて、出来るだけ現場のエピソードを中心に書こうと思う。

そして、それを書こうとする僕の姿勢はテレビを大道芸として考え、「送り手」と「受け手」を芸人対旦那の関係としてとらえてみようとすることである。

ここで僕のいう芸人とは人間国宝から、女子プロレスラーまで、さらに旦那とは神からあなたまでを含む。

元祖俳優・海彦

芸人をさして河原乞食というのは決して昔のことではない。

昭和四十年、ビートルズが来日した時に、演奏会場に武道館が選ばれたと聞き、小《お》汀《ばま》利《とし》得《え》が「河原乞食ごときに武道館が使われるとは何事だ」と発言したことから会場問題がもめた。エリザベス女王から勲章を貰った英国の芸人ですら河原乞食といった差別を受けるのである。

ビートルズが河原乞食なら、その真似からスタートした日本のグループサウンズも河原乞食であり、渡辺プロなどは乞食の大将ということになる。

その芸人の歴史をさかのぼると海彦・山彦の神話にたどりつく。

海彦は山彦をだました揚《あげ》句《く》こらしめられる。海彦は謝って、山彦の「わざおぎの民」になることを誓う。この時海彦は顔に赤土をぬり、溺れる真似をしてみせたというが、つまりは赤土をぬり、化粧をして何ものかに扮し、その真似事をするという芸人本来の仕事を示している。

服従しますという態度から、相手を祝福する仕事にもつながってゆく。この関係は今日のコマーシャルにおけるスポンサーとCMタレントの間にもみられる。

ＣＭタレントが特定の商品をすすめる場合、それはスポンサーに服従し、スポンサーを祝福しているのと同じである。例えば、商品名を連呼して「バンザーイ」などを叫ぶ林家三平のコマーシャルは、海彦と山彦の関係そのものなのである。

芸人の言葉に「ご機嫌を伺う」というのがあるが、これも服従と祝福がないまぜになっている意思表示であり、それによって彼は保護されるのである。

神であれ、旦那であれ、主人であれ、常に権威に対するゴマスリから始まり、やがて金で買われる身になる。企業のイメージアップとか、コマーシャルも情報産業であるというようなことをいうが、身売りしている芸人側にはそんな理屈は通らないし、感じてもいない。

芸人にとってもっとも大切な、自分の芸にとってプラスかマイナスかという点でさえ考えている人は少ない。考えるのはギャラの額だけである。

同じスターでも、コマーシャルで数千万円を貰う人もいれば、それをいさぎよしとしない人達もいることは認める。そのよしあしは別にして、テレビにおけるコマーシャルはその放映回数が多い場合、それだけ新鮮さが失われる速度も早い。

コマーシャルで人気の出るケースもあるが、テレビだけではその人気が長つづきしないのはご存知の通りである。

しかし、そのコマーシャルも最近は技術が向上してCMフィルムが作品としての価値を持ってきた。

かける時間や予算が、放送される本篇よりもはるかに上まわっているのでコマーシャルの方が面白い番組というケースも出てきている。

コマーシャルに関してはあらためて後で触れるとして、スポンサーとタレントが、旦那と芸人であり、それが古代では神と民衆、帝と祝言人《ほかいびと》の関係であったわけで、神話の世界でも、「わざおぎの民」は差別に耐えている。ちなみに山彦は神武天皇のお祖父さんにあたり天皇制はすでに生きている。

女郎、やくざ、芸人

この本は近代史、芸能百年となっているので、とりいそぎ古代から明治維新までをまとめておく。

神話の時代から大和朝廷になると律令時代。ここでは今でいう税金がとりたてられ、その税金を払えない、又は払わない連中が、生活手段を持つことの出来ない河原に追われる。河原に生きる人間にとっては非合法な生活手段しか残されていない。腕力に自信のある奴は暴力を働き、女は身体を売り、そして芸を売る連中もいたわけである。

男を売る、肉を売る、芸を売る。

やくざ、女郎、芸人。

後に室町、鎌倉を経て封建体制が確立してゆく段階で士農工商という身分制度が生れ、彼等は人間扱いされない長い歴史を過すのである。

この身分制度が無くなるのが明治五年。

今日でも時々問題になる「壬申《じんしん》戸籍」というのは、この明治五年以前の身分が記録されている戸籍なのである。

放浪芸能

体制による身分制度とは別に、神、又は神に準ずる権威に対しての宗教的な儀式を支えてきた「わざおぎの民」達は、農耕技術が発達するにつれて、その宗教性を失ってゆき、かつて神に奉納した芸能を、庶民に演じてみせることで生活手段にする。芸能を演じることが、その本来の性質から次第に職業化されてゆき、差別の歴史の中で放浪芸に変っていった。

一方、中央の権威につながる形で田楽・猿楽が能・狂言を生む。

室町幕府の保護を受けて能が武家の芸能として定着するものの、その初期には差別が激しく、将軍との男色関係がこれを支えた。

僕が能をみるキッカケになったのはこのセクシァルな因縁を知ってからである。

日本の芸能における性はこうしてストリップはいうに及ばず、能にまでその淫靡《いんび》な影を落しているといえる。

旅に生きた放浪の芸人からは歌舞伎が生れる。出雲の阿国《おくに》が念仏踊りという旅まわりの少女歌劇の座長だったことはご存知の通り。

先を急いで江戸時代に入る。

身分制度は確立するものの貨幣経済の発達につれて商人の実力が武士をもしのぐようになり、逆に土地にしばられた農民は、豆かす同様、しぼられるだけしぼられる境遇に落ち、事実上は、商・士・工・農という順序になってしまう。当然、農民の不満は一揆という形で暴発する。

そういう情勢の中で芸人達は、より一層の差別体制を課され、農民は彼等への差別感で欲求不満を解消してゆく。

芸人は河原乞食という言葉を代表する形になり、平民や時には武士からの脱落組も含まれた。

ラスベガスと次郎長と

芸人のボスとして同じ河原乞食である俠客《きょうかく》が興行師をかねるようになったのは当然であった。

今日、良識をふりまわして芸人と暴力団の関係を嘆き、芸能界は悪の温床であるというようなことをいう人に説明しておく。

大体、「暴力団」「やくざ」「愚連隊」「博徒《ばくと》」といった言葉があいまいに使われすぎるのだ。「愚連隊」、これは関東大震災以後のグループだから除くとして、まず「博徒」と「香具師《やし》」にわけなければいけない。

「博徒」は文字通り、博奕《ばくち》打ちである。明治以降、公営ギャンブルは生れたが博徒主催の私設ギャンブルは禁止された。博徒はこの時点で失業しているわけである。わかりやすい例でいうとアメリカ、ネバダ州のラスベガス。ここはギャングのシンジケイトが経営する街であり、ギャンブルの人集めをする為《ため》に劇場を持ち、二十四時間のショウを上演している。これと同じことを江戸時代の博奕打ちもやっていたのだ。その江戸時代でも博奕打ちは正業ではない。博奕は黙認はされていたが許可されていたのではないので、表向きは博徒も仕事を持っていた。清水の次郎長が興行師でもあったことでもわかるし、他に旅館の経営などもしている。いうなればラスベガスと同じことなのである。

ネバダ州にはラスベガスだが、侠客の方は日本中にいた。侠客の世界独特のモラルを守りながら歌舞伎でもなんでも興行をしてきたのである。近頃になって資金源の為に芸人とつきあっているのではない。民衆に対する娯楽の送り手だった長い歴史があるのだ。簡単に縁を切れるものではないのである。

一方、香具師の方は神社仏閣の境内《けいだい》の管理から大道芸、露天商の統轄をした。つまり、サーカス、見世物はいうに及ばず、映画でさえも初期の興行は彼等によって支えられたのである。いうなれば映画史の開拓時代の主人公なのだ。

この博徒・香具師をひっくるめて「暴力団」ときめこんでしまい、更に芸能界と縁を切れというのは、一面において両親を叩きだすようなところもある。

もとより、暴力や不法行為を許すというのではない。芸の素姓をさぐるという仕事では過去において彼等の役割をみとめなければならない部分があるというのである。

さて、江戸時代に戻して、幕末、天保の改革を例にとると水野越前守《えちぜんのかみ》は芸人を「何匹」と数えている。

芸人・役者一同を江戸から追放しようという動きがあったほどで、これは遠山金四郎が猿若町を、ネイティブ・アメリカンの保護地域のようにして芸人をまとめた。猿若三座時代はこうして始まり、役者はこの町から外に出てはいけないというほどの差別の中で生きる。

差別された芸人は反撥《はんぱつ》することもなく、そういう待遇をあきらめている気配がある。役者が河原乞食であることを認めている例も多い。

「錦着て、布団の上の、乞食かな」

「役者、河原乞食ゆえ……」

といった記録は沢山残っている。

四民平等と芸人

明治維新。

能・狂言から大道芸にいたるまでが新しい時代を迎えた。武家に保護を受けていた能・狂言は失業してしまう。明治四年になると身分制度が無くなり、河原者も平民として平等に扱われるようになった。

長い間の理由のない差別は、法律の上では無くなったが、同列に並んだことで実質的な差別は増えた。

アメリカでの黒人問題で、南部のある黒人青年がこういったのをおぼえている。

「差別されている方が楽だから南部にいるのさ、君は二等の切符で一等にのった時の肩身のせまさを知っているだろう」

勿論《もちろん》、日本の場合とは違うが、同じく明治四年にこんな法令が出る。

「大道芸人は浮浪人とみなし、その営業を禁ず」

こうして大道芸人は浮浪人、つまり乞食という待遇を受ける。

辻という言葉があるが辻講談、辻咄《ばなし》、そして辻仁和賀《にわか》、みんな大道芸から高座にうつったものである。

浪曲も祭文、説教節といわれた当時は大道芸であり、能・狂言・歌舞伎、すべてその発生は大道から出発している。

もとはといえば全部大道芸人なのである。だから浮浪人とみなすことはさしつかえないのだが、営業禁止というのは乱暴な法令である。

この時に屋根のある舞台、高座にあがっていなかった芸人達が差別されながら、今日の歌謡曲、浪曲、そして寄席でいう色物《いろもの》などを生み育ててゆく。

しかし今でも幕内では芸人同士差別しあっている実例は多い。

映画も活動写真時代は大道芸とみなされ、板（舞台）の役者から「土の役者」として差別された。この歴史は繰返され、同じテレビ・ドラマを書いても、放送作家より映画作家のギャラの方が高いという時代があった。映画俳優がテレビ俳優を見下していたのはつい最近までのことだ。

大正から昭和にかけて姉が女優になったことを恥じて自殺した若者もいれば、歌謡曲を歌って退学を命じられた音楽学校の学生もいる。三浦環《たまき》も、淡谷《あわや》のり子もこうした差別を受け、藤山一郎でさえ、歌手になった時の鑑札は露天商と同じものだったという。

芸能週刊誌、女性週刊誌にあやつられて、スターにのしあげられ、世間によくある悪事で、今度は人類の敵みたいに筆誅《ひっちゅう》を加えられる今日の芸人だって、いうなれば差別だ。

差別の種類がどう変っても、その差別と戦う武器は、芸と人気であり、芸人である以上、芸で勝負すべきである。大道芸人から寄席のスターになった初代江戸家猫八もいれば、九代目団十郎にかっぽれを教えた大道芸の梅坊主という人もいるのである。

今日の大道芸

昭和四十年代において大道芸をさがすと、残り少ない紙芝居、香具師の口上、流し、時に路上でくりひろげられる前衛グループのハプニングにいたるまで、あることはあるが、かつての雨の三日も降れば死んでしまうという状態とは違う。そこは憲法が健康な最低生活を保証しているはずである。保証しているはずだが盛り場の道端で傷病兵の姿をして不自由な身体で、「敗戦以来、暖かい人の情けにすがって生きて参りました」といっては水前寺清子の歌など歌ったりしている人がいる。しかし今日では道路交通法という法律がある。この法律の対象になるのは歩行者や自動車だけではない。大道商人、乞食、大道芸人といった人達も交通の邪魔になるというので取り締まられるのである。そんな法律を気にしていたら乞食も出来ないが、この哀れを売る、人の情けに訴えるというのが大衆芸能の一面にある。徳川夢声《むせい》が、「右や左の旦那様――」というのを節をつけていえば浪花節になるといっているように、浪花節を乞食節といって嫌う人達がいる。でもこの乞食節の伝統は歌謡曲の世界で主流をしめているのだ。鼻にかけ喉をふるわせ哀艶切々と歌う人気歌手のいかに多いことか。都はるみ、森進一はこうして僕達を楽しませてくれる伝統的な芸人ともいえるのだ。

　そして、この物乞《ものごい》、門付け精神の正反対もまた、芸として成り立つ例が初代猫八。

「ありがたく俺の芸を楽しめ」

「手前達にわかる芸じゃねェ」

　この姿勢は鈴々舎《れいれいしゃ》馬《ば》風《ふう》、そして立川談志にも流れている。客を馬鹿にすることで、逆に客にへつらうといったらいいのか。刑務所慰問で馬風は「満場の悪人諸君！」と叫び、談志は「客あっての俺じゃない、俺があっての客だ」と見得《みえ》をきる。どちらにしても、大道芸そのものは衰退する一方だが、その精神はテレビに映画に舞台に生きつづけている。

中でもテレビのブラウン管は、道を歩く人をとめるのと同じように、まわしたチャンネルをとめさせる点、まるで大道芸である。「御用とお急ぎでない方は寄ってらっしゃい、みてらっしゃい」の精神で視聴率を競いあっているところは縁日の境内と変らない。

大道芸は伝統を無視出来るし、守るべき形式もない。最も自由な芸であり、芸人だ。その意味でテレビで育ち、テレビでスターになった人達と共通の面がある。テレビが常に大道の意識を持つべきだと思うのも、その自由さ、伝統を拒否する精神に賭けたいからである。

そして強いていうならば、テレビは伝統を拒否するという伝統を持つべきであり、伝統芸能を伝統の出来る以前の形で捕えて、僕達のものにする工夫をつづけるべきであろう。

伝統の拒否と継承

大道芸は伝統を拒否する精神に満ちているが、古典芸能と呼ばれるものは、かたくなに伝統を継承しようとする。

能・狂言はそうして六百年も芸を受けついできた。明治初年。保護者を失った能楽師の中には泥棒をするものまで出た。大名のお抱えだった能楽師、力士、それに権威につながった検校《けんぎょう》達は思ってもみなかった生活苦に襲われたわけで、泥棒になった能楽師があると聞いて責任を感じ、巡査になった能楽師がいたという。

やがて明治政府が国際的な意識をもつにつけ、対外政策上も日本の代表的な芸能を保護しようということになる。

外国に出かけて閣僚がアチラで劇場に招待される。それが習慣であり、外国では王様も劇場に出かけるということがわかって選ばれたのが能楽だったわけである。

主唱者は岩倉具視《ともみ》。明治九年、彼は自邸に天皇陛下を招いて演能をもよおした。歌舞伎に先き立つこと十一年である。

こうして明治の能楽は政府の保護のもとにおかれ、折角かつての大衆演劇に戻るチャンスをつぶしてしまった。明治十四年には芝公園内に能楽堂が出来て、宝生《ほうしょう》九郎、梅若実《うめわかみのる》、桜《さくら》間《ま》伴馬《ばんま》といった人達が活躍し、能・狂言は今日まで生き残っている。そして能楽師が狂言師を見下してきた長い歴史が終った。戦後では狂言の価値評価の方が高いと思われる時さえある。能のコメディリリーフとしての狂言が、能から離れて会を持ち、その笑いの現代的であることが再確認されているわけだが、能の方はいまだに「幽玄」の彼方《かなた》にある。

死ぬほど退屈な能

「能、それは死ぬほど退屈だった」

ジャン・コクトウは日本での日記にそう書いた。

ジャン＝ルイ・バローはいった。

「私は心から堪能することができた。感動したのは動きのないのに息づいている静止だ」

フランスの二人の天才がこう感じているが、僕はジャン・コクトウ派である。

僕が初めて能・狂言を観た時のメモをそのまま書いておく。

宝生流の会で舞囃子《まいばやし》「高砂」（宝生九郎）と能の「橋弁慶」（シテ・宝生英雄）、間狂《あいきょう》言《げん》は「弦師」（野村万作・和泉保之）である。

予備知識が無しでみている点を了承してほしい。

「高砂」

「高砂や、この浦舟に帆をあげて」というところまではわかったが、その後は何を言ってるんだかまるでわからない。

言葉が理解出来ない以上は動きに注目する他はないが、これがなんの助けにもならない。こうなると古典芸能どころか僕にとっては前衛の難解さと変らない。

それは伝統の中に安住していることによって、伝統が無いのと同じことになっているからであろう。

伝統は常に生かされてこそ価値があるものだと思う。

地謡の中に髪を七・三にわけたり、ウェーヴをつけたりしている人がいる。

これほどまでに形式を追うなら、相撲と同様に断髪すべきではなかった。裃《かみしも》や袴《はかま》の美しさは、昔ながらの髪型があって完成されるものではないかと思う。

現代的な頭の形なら言葉の方も現代的にしてほしい。

笛や鼓の音だけが古典芸能といえるものであとは中途半端だと思った。

「橋弁慶」

冒頭に自己紹介をした時の弁慶という名前と、鎌倉、東山といったような固有名詞、あとは「ナントカで候」という、そのそうろうしかわからない。

ただその発声はみがかれた美しさを感じさせる。

謡の方はウォウォウォウォというのを聞いていると坂本九《きゅう》や北島三郎の歌唱法がソックリだと思った。

「間狂言・弦師」

いきなり現代に戻ったような気がするのは、そのテンポと言葉が理解出来るからだ。

弁慶に斬られそうになった男を斬られたのだと思わせて気絶させてしまうやり

とりは、コント55号がそのままやっても面白い。

「橋弁慶」

牛若丸が登場して何やら叫んだまま動かないので退屈きわまりない。

その内、背景になっている松羽目《まつばめ》が気になりだした。

正面にたくましい幹の伸びた松が描いてある。

その画風、大胆なレイアウトをみていると、室町時代というよりは桃山時代の狩野派の豪快さを感じる。

やっと弁慶が出て来てナギナタを振りまわすが、これは時々、強そうないいカッコをする。

やがて牛若丸が勝っておしまいになるが、僕は退屈しのぎに口の中で「京の五条の橋の上」と童謡を口ずさんでいた。

幽玄なんてものもさほど感じなかった。

約一時間、他のことをしていればよかったというのが正直な感想である。

丁か半かもよいものじゃ

能はその発生当初からこんなにも退屈な芸なのだろうか。

多くの芸能が権威にへつらうことで庶民の支持を失ってきたが、こと能こそ、そうした意味で河原乞食のなれの果てといってもよい。そして今や、古典芸能として世界で最も魅力的な、前衛的といわれる演劇になっているのが奇妙だと思う。

岐阜県の能郷に白山神社がある。

大垣の駅から車で三時間、山に入る。そこでは中世から世襲制度で受けついできた猿楽が年に一度、奉納される。

能・狂言の前身である猿楽は粗末な屋台に組まれた舞台の上で演じられ、若い演者はセリフもたどたどしく、間違えてはやり直し、怒った老人が太鼓の撥《ばち》で向《むこ》う脛《ずね》をひっぱたいたりして村人を喜ばせていた。

現代で猿楽の伝承に完全さを要求するのは無理なことだが、ここでみた猿楽はそれまでのどこでみた能や狂言よりも楽しかったことは確かだ。それに狂言小唄を聞いていて「丁か、半かもよいものじゃ」という賭博奨励の言葉を聞いた時、その発生当初のつまり大衆演劇だった頃の面影をみた思いがした。

ながながと能・狂言の感想を書いたのは、これからお読みになる芸能史の著者の程度を知ってほしいからである。念を押すまでもなく軽佻浮薄と焼印を押されたテレビ作家が、テレビの中で芸能史をとらえようというのである。

僕はあらゆるジャンルの芸能史が流れこんでくる川をみつけてダムをつくることにした。

ダムの名は第十九回紅白歌合戦。

この紅白歌合戦に集約される今日のテレビ芸能に河原乞食の精神や伝統芸能がどんな形で現われてくるか、それを僕の芸能史にしてみようと思う。

紅白歌合戦とあなた

昭和四十三年十二月三十一日午後九時。「第十九回ＮＨＫ紅白歌合戦」が始まった。

このテレビ番組はいつもその年最高の視聴率をあげる。別ないい方をすれば世界最高の視聴率でもあるのである。

関西地区八〇・三％。関東地区七九・八％。そしてこの都会中心の視聴率に較《くら》べるとこの他の地方ではもっと高い数字が出ていることは確実だという。

いうなれば歌謡曲大会なのだが、地方では一年に一度、「待ちに待った紅白歌合戦」なのだ。

僕はこの放送を北陸の片山津温泉でみていたのだが、旅館の女中はすべての仕事を九時までに終らせる為に、泊り客の事情には関係なく、早く夕食を済まさせ、布団を敷いて「もう御用はございませんね」と何度も念を押すのだった。

さて関東地区には六六六万台のテレビ受像機があるという。その八〇％として五三二万台、一台のテレビを平均三人がみているとして、関東地区だけでも一五九六万人がみていたことになる。視聴率が正確でないように、この数字も決して正確ではないが、要するに日本人の七割がみていたことは間違いない。例えばこの本を読む十人の内、五人はあの番組をみていたんじゃないかと思えるだけで背筋がさむくなる。

同じ時間に日本人の七割が同じ画面のブラウン管をみつめているという現実を僕達は考え直すべきである。オリンピックの宇宙中継とか、月からの中継、東大安田講堂からの中継、いろいろ関心をひく放送はあるが、「紅白歌合戦」は僕達にとって何なのだろう。そこに何があるというのだろう、ＮＨＫによって選ばれた四十六人の歌手というのは僕達にとって何なのだろう。それを一人一人が一寸《ちょっと》でも考えてほしいのだ。たかが大晦日《おおみそか》の歌の番組じゃないかといえばそれまでだが、僕は「国民的行事」とまでいわれるこの「紅白歌合戦」を現代の大衆芸能の集大成という意味づけをして、そこから日本の芸能史をさぐりだしてみようというのである。

つまり、神話時代の「わざおぎの民（俳優）」にはじまって、いくつもの流れに分れ、歴史の中をくぐりぬけてきた芸能を、「第十九回紅白歌合戦」というダムでせきとめてみようということなのである。このダム工事が多少の無理のあることは承知の上だが、こうでもしないと多彩な芸能史を一カ所に集めて、それをさらに未来に向って放流させたいという僕の考えもまとまりにくい。そして事実、紅白歌合戦には能・狂言からストリップにいたるまで、あらゆる芸能の系譜がここにあり、さらにテレビそのものが持つ問題も含まれているのである。

赤い表紙で一〇六ページからなる「第19回ＮＨＫ紅白歌合戦」という放送台本には「第一放送・総合ＴＶカラー・国際放送」と三種類の放送が明示され、その下に「東京宝塚劇場から中継」と書いてある。

劇場という名前

日本で「劇場」という言葉の建物が出来たのは明治四十四年の「帝国劇場」が最初である。

「劇場」以前は「座」であり、この「座」が掛小屋の状態から建築物といえるものになったのは東京の場合、明治十一年の新富座である。

現存する日本最古の四国・琴平の金丸座を始め、一七五八年に世界最初のまわり舞台をつけた大阪の角座といった建築物もあるが、江戸の場合は事情が違った。

歌舞伎の歴史でいう「猿若三座」という時代があるが、これは猿若町に三ツの芝居小屋があったというより、江戸から追放されそうになった芝居を猿若町に限って許可したので、いうなれば、吉原とか、島原といった遊廓と同じ扱いなのである。

追放しようとしたのは天保の改革のリーダー水野越前守、これを喰いとめたのは南町奉行遠山金四郎。当然のことながら芝居者から遠山の金サンに大量の政治献金が流れたに違いない。

「芝居」「遊廓」は江戸の観念でいうと「悪所」なのであり、本来、娯楽そのものが下半身ぬきには考えられないものなのである。

「芝居」は「役者買い」。「遊廓」は「女郎買い」。それも同じように「茶屋」を通しての遊びであった。

現在、芝居茶屋は大阪の道頓堀に数軒を残すのみだが、「相撲茶屋」の勢力はいまでも隠然たるものがあり、土俵周辺の特等席の大部分が彼等の手ににぎられていることでも、茶屋というものの仕組がわかる。

日本最初の洋式舞台

さてついでに簡単にさかのぼると、芝居の「芝」は青空の下を意味し、能舞台でもその初めは屋根が無かった。雅楽の舞台はいまだに屋根がない。能以前の猿楽は、それぞれ地域毎《ごと》に今でいう劇団があり、その地域の独占権を持っていた。これが「座」である。

この「座」が勧進興行、つまり、募金興行、チャリティ・ショウをするようになって入場料をとるために、囲いが必要になったところから劇場の原形が出来る。初期の芝居が京都の四条河原のように、河原で上演されたのは江戸も大阪も同じである。これは芝居者が河原に住んでいたからで、わざわざ河原で興行したわけではない。

また、河原の掛小屋が、あくまで仮の小屋でしかなかったことのひとつに、身分の高い武士が川を船で上り下りする際には、いつでも取り払わなければいけなかったことがある。そして火事の多かったこともあり明治までは本建築が許されなかったのである。

以上でわかるように、明治になって新富町といういわば東京の真中に、「新富座」が建ったことは大変な事件なのだ。

座主である十二代目守田勘弥《もりたかんや》は時の政府に働きかけ、また洋行帰りでヨーロッパの宮殿のような劇場をみておどろき、これぞ文明国家だということになった政府首脳が勘弥をバックアップしたのはいうまでもない。

こうして明治十一年、新富座はさらに改造を加えて日本初の洋式舞台を持つ劇場になり、その開場式には九代目団十郎以下、一世一代のフロック・コートに身を固め、洋食、洋酒のパーティ、海軍軍楽隊までやとわれている。

明治の劇場史で革命的な出来事では照明がローソクからガス灯になったことがある。こうして夜の芝居が正式に許可になった。それまでの芝居は夜明けを待って開演するという今の相撲と同じ興行であり、余裕のある客は前の晩から芝居茶屋に繰り込み、次の日一日を芝居見物、終ってから茶屋に役者を呼んで又、泊る。つまり三日もかけて芝居をみるのである。

寄席の場合は町内に一軒はあるというような形で、これは夜に噺家《はなしか》が自分でローソクの芯を切りながら話をしたりしていた。

今のピンスポットにあたる照明は、〝面あかり〟、見得を切った顔の前に長い柄をつけたローソクを差し出すというようなことをやっていた。その芝居小屋にガス灯がついたのだから、客はガス灯を見に集まったという。

この新富座では翌十二年に香港から外国人ばかりの劇団を呼んでいる。

「さる方様のお取持にて外国有名俳優十名当座に出勤仕候。西洋各国においての当り狂言と称する眼目の場相勤め、道具衣裳鳴物まで彼地のままにて御覧にいれ候。誠に今日開明の世の有難くも数千里の波濤隔てて西洋の演劇を東京において興行致候は今般が最初にて当座の栄誉に相成候」

これがその時の口上だが、この頃はまだチョンマゲがチラホラして、首斬り役人が高橋お伝をチョン斬ったりしているのだから、一寸プランが早すぎたか、守田勘弥は興行主として大赤字を背負った。

客に外国の言葉風俗が通じるわけもないが、逆に後で書く川上音二郎は、日本語だけでアメリカ、ヨーロッパを巡業したのだからこの勝負は日本人の勝ということになる。そして、守田勘弥は失敗したとしても「呼び屋第一号」という名誉は与えられる。

明治九年、「演劇場、相撲場、寄席、諸観物場の取締り」が警視庁にうつされた。

その前は、「音楽歌舞の類」は神祇省（法務省）の扱いであり、さらに教部省（文部省）から警視庁という段階で、明治以後これだけでも、芸能の扱われてきた歴史がわかる。

警視庁にある資料をつかって、警視庁からみたこの百年の芸能史を書いてみたいものである。

国立劇場と状況劇場

明治三十六年まで劇場は江戸以来の伝統を守りつづけ、芝居茶屋を通し、散財という形でしか舞台をみることが出来なかった。

まず川上音二郎が「改良五カ条」を発表した。

1　芝居茶屋を通さない観劇
2　客席を椅子にする
3　切符制度にする
4　電話で席の予約が出来る
5　舞台げい古をする

今から考えれば常識でしかない五項目なのだが、このために芝居茶屋側は暴力団をやとい、川上を狙ったが果せず、同志の池田藤兵衛が半殺しの目にあわされた。明治四十一年には二代目市川左団次が茶屋制度を無視した興行を目指したが、これも暴力団の邪魔で失敗している。

そして明治四十四年、皇居を前にした「東京帝国劇場」が開場する。この劇場は財界人の手によるもので従来の興行師は関係していなかったので、初めて川上の理想が実現する。全階が椅子席になり自由に切符が買え男女別のトイレも出来、俳優も技芸員と呼ばれるという変り方である。

こうして青空の下の、大道芸から出発した日本の芸は西洋館の中におさまり、ここに初めて出演した歌舞伎俳優は外国に行ったようだといい、渡された出演料のアラビア数字が読めなかった人もいる。

3が参でなければ金額がわからなかったのである。

大正十三年の築地小劇場では日本で最初にホリゾントがつくられ、照明によって青空が夕焼けに変っていくさまに観客は思わず拍手をしたという。

一方、映画館の形は明治二十九年に活動写真が日本に来てから暫《しばら》くは映写機を持って巡業していたのだが、明治三十六年に初めての映画常設館として、「浅草・電気館」

が出来る。それまでは電気製品を陳列して入場料をとっていたので電気館。

無声映画時代の映画館の椅子は土間の上のベンチと同じで、満員の時はこのベンチを外に出して立ったまま押し込めたという、走らないだけで満員電車と同じ状態であり、それでも入らない時は裏口から客をいれてスクリーンの裏側からもみせたというのだから凄い。

昭和に入ると松竹・東宝という興行会社の対立から大劇場時代になる。

小林一三《いちぞう》の〝一人でも多く、少しでも安く〟という観客動員が成功すると松竹もだまっていられず、日本劇場、東宝劇場につづいて浅草の国際劇場のように四千人以上も収容出来る巨大な劇場が出来る。

これにはマイクロホンの発達も関係するのだが、芸そのもののニュアンスは失われていかざるを得ない。すべてが大劇場向きであることを要求されるようになり、芸も雑になった。同様に芸の楽しみ方も雑になってバランスはとれてゆく。

戦争中は軍需工場になった劇場もあるが、今や劇場は豪華な建物としての方向をひろげ、新帝劇、日生劇場、国立劇場、大阪フェスティバルホール、厚生年金ホール、そして地方都市の市民会館という形で、多目的ホールという名の劇場が生まれつつあり、伊藤雄之助は「演劇ブームではなく、建築ブームなのだ」と書いている。

一方、昭和四十年代から小劇場運動が起り、アングラと呼ばれる地下の一室でしかない劇場での演劇運動も盛んである。特に状況劇場（唐十郎主宰）は河原者精神を生かそうとテントの小屋掛芝居を続け、テント演劇の口火をきった。

そして、おそすぎた国立劇場（昭和四十二年開場）に出演する人間国宝は国立劇場のことを「小屋」と呼んでいる。その祖父の時代、掛小屋に出演していた時と同じにである。

日比谷の小屋から中継

さて、第十九回NHK紅白歌合戦は東京日比谷の宝塚劇場から中継された。

この劇場の定員は二千百名だが、この入場券をNHKに申し込んだのは五万人だという。その選ばれた観客達で超満員になった。

観客は申し込みの葉書から抽選で選ばれたが、四十六人の歌手はNHKが全国から公平に選んだ委員と、知識人のグループによって厳選され、この年もザ・タイガースのようなNHK的でないグループは敬遠された。

ＮＨＫに対する貢献度という言葉がいつも問題になるが、ヒットソングが無くても選ばれるケースにこの言葉があてはめられるのである。

紅白歌合戦に出ることでＮＨＫ以外のギャラがあがり、翌年の仕事が保証されるというのは伝説としか思えないが、歌手はこのことで泣いたり、笑ったりするのである。

この妙な権威をつくってしまったのはＮＨＫだけの責任ではない。レコードそして流行歌の世界というのはそれほど前近代的であるといえるのだ。

「紅白歌合戦」で歌手以外で話題になるのが司会者なのだが、昭和四十三年の場合は総合司会を宮田輝、白組を坂本九、紅組を水前寺清子と決定した。

そして四十六人の歌手は紅組が都はるみ、佐良《さがら》直美、ペギー葉山、小川知子、ピンキーとキラーズ、ザ・ピーナッツ、三沢あけみ、伊東ゆかり、西田佐知子、九重佑三《ゆみ》子《こ》、中尾ミエ、島倉千代子、江利チエミ、青江三奈、中村晃子、園まり、岸洋子、梓みちよ、扇ひろ子、越路吹雪、水前寺清子、黛《まゆずみ》ジュン、美空ひばり。

白組は三田明、布施明、千昌夫、黒沢明とロス・プリモス、ジャッキー吉川とブルー・コメッツ、西郷輝彦、フランク永井、鶴岡雅義と東京ロマンチカ、水原弘、菅原洋一、ダークダックス、三波春夫、北島三郎、アイ・ジョージ、美川憲一、舟木一夫、春日八郎、デューク・エイセス、村田英雄、バーブ佐竹、坂本九、森進一、橋幸夫（以上登場順）。

それではもう一度、昭和四十三年十二月三十一日、午後九時に時間を戻して、あなたはＮＨＫのラジオ、テレビ、国際放送のどれかにダイアルをあわせていることにしよう。

アナウンスの調子はオリンピックの入場式を彷彿《ほうふつ》とさせる。

歩きつづける芸人

ここは東京宝塚劇場、その舞台中央から宮田輝が登場してセンターマイクへ。

「一九六八年もあと余す所、三時間、お待たせしました。第十九回紅白歌合戦！」

敗戦直後、彼が「産業の夕べ！」と叫んだように宣言すると大ファンファーレと共に場内がまばゆいばかりのライトに色どられて、興奮を強調するような中継アナウンス。

「只今、客席の後から楽団を先頭に紅白両軍の選手入場でございます。白組男性軍は選手団代表の坂本九サン、続いて純白のバラを胸にいずれもファイト満々胸をはっての入場です。入場はアイウエオ順、アイ・ジョージさん、春日八郎サン、北島三郎サン……。
対する紅組女性軍も華やかなバンド演奏につづいて選手代表の水前寺清子サン、それにつづいて真紅のバラを胸に輝かせた青江三奈サン、梓みちよサン、伊東ゆかりサン……堂々の入場であります」

芸道を歩く

高校野球、国体などスポーツ関係の入場式を中継する場合、声の調子をはりあげるというアナウンスの形式は誰も破ろうとしない。そして選手宣誓ともなると絶叫型になるのも決っている。不思議なことのひとつである。不思議でもなんでも歌手の行進は続き、アナウンサーは叫ぶ。

四十六人の歌手は客席から舞台へ歩く、歩く、歩く。

この年、昭和四十三年は明治百年といわれたが、その元年、一八六八年、官軍は軍楽隊を先頭に江戸の街に入ってきた。

〽宮さん　宮さん

お馬の前にヒラヒラするのは何じゃいな
トコトンヤレトンヤレナ

東京都の最年長者、品川に住む大谷みつサン（一〇五歳）は高杉晋作達の居留地焼打の騒ぎをおぼえている人だが、この官軍の行進には憶えがない、この後の明治天皇の遷都の行進はよく憶えているのにという。街道筋に住んでいたのだから見逃すわけはない。江戸に入ってくる時、軍楽隊は演奏していなかったのかもしれない。

とも角、こうして江戸に向う官軍の行進にさからうように神戸に向った行進もメモしておく。こちらは貧民、浮浪者によるパレードで、

〽ええじゃないか　ええじゃないか
おそそに紙はれ　破れりゃ又はれ
ええじゃないか　ええじゃないか

近頃流行の処女膜再生用コマーシャル・ソングのような歌詞だが、ここには封建時

代の圧政を吹きとばすエネルギーがあった。これは伊勢皇大神宮への庶民信仰、「お蔭参り」の習慣を勤皇の志士が利用、幕府の警察力を麻痺させようと煽動したマス・ヒステリアという説がある。

勤皇の志士は大神宮のお札を、豪農、豪商の屋根にまき、天から降った、何たる慶事と酒宴をはらせた。お札は京都、大阪を中心に降りつづき、群をなした貧民が酒宴を強要し、飲めや歌えの大騒ぎ、そのまま列をなしてねり歩いた。

「京都、大阪、神戸はエイジャナイカに衆皆狂奔酔舞し、一群去れば一隊又来る、街頭織るが如し」（岩倉公実記）

「おかしき調子にて唄い、鳴物を加へ、老若男女の差別なく市中を踊り狂へり」（福地桜痴）

「大阪は上下を問わず一種の狂気に陥り、其影響は久しきに亙《わた》りたり」（英国領事ロウダー）

噂はつたわり、関東から会津にまで「ええじゃないか節」がひろがったという。何はともあれ土地にしばりつけられ、圧政に苦しんだ貧民の解放への行進であり、行進曲であったには違いない。

フランス革命のラ・マルセイエーズが、日本では「おそそに紙はれ！」だったのが嬉しい。

目的地を持たないこの貧民の行進はやがて神戸の開港に結びつき、伊藤博文の手によって収容施設「百人部屋」がつくられる。

「細民は四方より遠きをいとはず老も幼も男も女も、波濤の如く神戸に向って群入し、市街に乞食の多きこと実に前代未聞……」

と神戸市史にもある。

この百人部屋は労働を要求するかわりに寝る場所と食事、酒を与えた。関西を中心とする日本各地の浮浪者が集まっているのである、酒が入ればふるさとの歌をくちずさんだに違いない。ということは百人部屋という特定の場所で各地の民謡が歌われたということになり、このことは、それまでの民謡の歴史にかつて無かったことなのである。

宮田輝司会による「ふるさとの歌まつり」の原型がここにあるのであり、強いていえば紅白歌合戦にもつながる庶民と歌の関係が、最も素朴な形でここにあるのだ。

この問題は紅組の江利チエミが八木節を歌うところでもう一度触れるとして、〝大衆芸能と行進〟という点に戻ろう。

例えば歌舞伎である。
出雲の阿国が始祖ということになっているが彼女の念仏踊りは列になって歩くものである。これは阿波踊りにも通じる。また能舞台の橋がかり、歌舞伎の花道をみても、歩くこと、歩き方をみせることがいかに重要なことかわかる。
落語の出囃子《でばやし》でも、三味線にのって高座を歩き、座布団にすわるまでの楽しさといったらない。すでに芸にさえなっている。

大名行列の先頭をゆく供奴《ともやっこ》の歩き方も踊りだし、花魁《おいらん》道中の八文字も、そのまま舞姿だ。

「道行」「道中物」は芝居や舞踊の重要な場面を支えている。日本の芸能から「歩く」ことをはずしてしまったら、芸能は成立しないと思われるほどである。白組のアイ・ジョージ、北島三郎、千昌夫などは街の流しの出身であり、つまるところは大道芸人なのだが、これは三波春夫にしても浪曲師南篠文若《ふみわか》だった時代があり、この浪曲は祭文語りという門付芸人に育てられたものなのである。

水前寺清子、都はるみ、美空ひばりといった歌手が浪曲の影響なしには考えられない点からみても、大衆芸能の源流と歩くということは決して切り離すことは出来ない。講談、落語といったように高座に定着している芸でさえも辻講釈、辻咄といった時代があったのであり、大阪の桂南天老はこの辻咄を再現してくれる。喜劇の源流といわれる仁和加《にわか》（俄・仁輪賀）にしても、グループをつくって行灯《あんどん》を先頭に笑いをふりまいて歩いたものだという。大阪四天王寺の境内に、この仁和加の行灯を形どった灯籠がある。ここから新喜劇の藤山寛美にいたる系図を書くことは簡単なのである。

祭り、踊り、これもさまざまな形の行進である。

祇園祭、阿波踊り、山笠祭り、ねぶた祭り、そして新製品の宣伝行進、自衛隊の行進、出初式、ミス・ナントカのパレード、メーデーにいたるまで、あらゆる行進はショウとして再評価出来る。学生や労働者の行進でも、そこに歌があれば、それは芸能として認められる。そこに角材とヘルメット、そして流された血があってもそこに歌があれば、歌おうとするなら、そこには芸能が生れようとしているのだ。シュプレヒコールだってそうだ。

「沖縄を返せ！」「ナンセンス！」

「北方領土を返せ！」

声をそろえて叫ぶ時、それは芸以前ではあっても、芸が生れようとはしているのだ。より効果的に、と考える時、それは芸の工夫であり、修業につながる。従って現段階の学生諸君の技術はチンピラ歌手と同じで、下手クソ以外の何ものでもないということになる。勿論、彼等は芸として評価されることなど意識していないから余計なお世話だが、芸術院会員が橋がかりをすり足で歩くのも、デモ隊が歌いながら行進するのも、あなたが気取って赤坂・六本木を歩くのも、みんな芸なのである。

この歩くことを観念的にした言葉に「芸道」というのがある。ショウマン・シップとでも訳せばいいが、日本人は道が好きだから「武士道」「茶道」「書道」「華道」となんにでもついている。「人の道」というのまである。そして、「武士道とは死ぬこととみつけたり」という考え方に代表されているわけだが、三島由紀夫は「芸道」について次のようにいう。

「芸道とは『死』を以てはじめてなしうることを生きながら成就することである」

従って、生きながらという点で後めたさ、卑しさが伴い、だから武士社会から河原乞食と差別されたとも書いている。

僕達も歩こう

もう一度歩くことに話を戻そう。明治維新、兵隊や貧民が歌いながら歩いて日本の芸能史にかつてない新しいページをつくった。

昭和四十四年、学生デモや、ミス・ナントカのパレードが道を歩く。大衆は常に行進して意思表示をしつづけてきた。時には提灯行列で戦争の勝利を祝い、時にはプラカードを押したてて政府に抗議をした。

行進が狂っていたこともあった。

行進が正しかったこともあった。

勇気のある行進も卑屈な行進もあった。

そして僕達はもっと――行進するべきなのだ。歌いながら、踊りながら意思表示をするべきなのだ。

ブラジルのリオのカーニバルを考えよう。

山に囲まれ、一方に美しい海岸を持つリオ・デ・ジャネイロは、その町の平野部分に白人達が住み、黒人達は山の上の貧民窟に住んでいた。

この黒人達は年に一度のカーニバルに自分達の征服者のスタイルである白人の衣裳を身につけて町で踊り狂うのだ。

それは世界的に有名なカーニバルであると同時に黒人のデモンストレーションなのである。

祭りの興奮の中に日頃の欲求不満を解消させようという阿波踊りは殿様主催だが、リオのカーニバルは祭りの主体が黒人にある。これがブラック・パワーと結びついて行く時のことを考えると胸がドキドキする。

祇園祭りの今日の無気力さをみて失望するように、観光協会主催の行進では全く意味がないのである。

そして逆に角材とヘルメットの独走は、僕達が歩くこと、行進することを忘れたからだ。

オリンピックや紅白歌合戦でパレードが興奮を盛りあげるのは、僕達が行進することを忘れたからなのである。

宝塚劇場では入場してきた歌手が舞台の上に並んだ。

プロとアマの差

「紅白両軍の戦績は昨年まで9対9と全くの同点、只今から始まる今年度の合戦は紅組司会水前寺清子サン、白組司会坂本九サンそして総合司会に宮田輝アナウンサーを配しての決戦、誠に興味深いものでございます」

ここで、オリンピックでもおなじみの「見よ、勇者は還る」が演奏され、前年度に司会をした九重佑三子がＮＨＫ中山芸能局長に優勝旗を返還する。

「これより、前年度の勝者紅組から中山大会委員長へ優勝旗の返還を行います」

そして次に審査員が紹介される。審査員は舞台の中央階段から登場して客席に降りてゆくが、名前は榊原仟《しげる》（心臓血圧研究所長）、鈴木俊一（万博協会事務総長）、三船敏郎（俳優）、江夏豊（阪神投手）、高田敏子（詩人）、

曽野綾子（作家）、王馬熙純《おうまきじゅん》（料理研究家）、藤田弓子（俳優）。

全国八地区からは関東がめ組の頭《かしら》で福太郎、近畿が万博エスコートガイドの山本多恵子、中部が無医村の保健婦で久盛のり子、中国が酒造り四十年という酒井孝、九州は博多人形師の井上あき子、東北は青函トンネル現場から坂定蔵、北海道が病院看護婦の谷口幸子、四国は優秀農家の沢田照喜。

審査委員長はＮＨＫ芸能局長中山卯郎というＮＨＫらしい気をつかった人選である。

この中で最も照れ臭さそうに登場したのがプロ野球界のヒーローだった江夏豊だった。

テレビ用スポーツ

江夏豊、阪神タイガースの投手でこの年の最多勝利投手（二十五勝）、沢村賞のタイトルをとっている。

昭和四十三年はメキシコオリンピックがあったのでスポーツとしてはアマチュアに

さらわれた感があるが、その中でテレビ中継を通じて人気があったのがプロ野球の他に、藤猛《ふじたけし》、西城正三《しょうぞう》のボクシング、王、長嶋の人気を抜いたといわれるキックボクシングの沢村忠《ただし》、そして自動車レース、ローラーゲーム、プロレス、それも女子プロレスまでが登場した。プロレス中継が常に高い視聴率をマークするのは日本でのプロレス創始者力道山以来のことであり、昭和二十八年、民放が開局すると同時に中継され、正力松太郎のアイデアによる街頭テレビはプロレスによって黒山の群集を集めたのである。実況中継という最もテレビ的な形式に、計算されたショウの面白さが加わり、昭和四十三年に流行したハプニングの元祖のようなものであろう。女子プロレスの場合でも、いざ放映されてみると心配されていた猥雑《わいざつ》さが無く、逆にその健康さが認められたのも面白い。

　こうしてテレビはスポーツを中継するというよりも、中継用のスポーツを育てることによって視聴率を稼ぐようになったのである。つまり、よりテレビ的なスポーツがこれからのスポーツになっていくという、芸人の場合と同じケースになってきたのだ。

　ただ気になるのは、あきらかにショウであるプロレスに興奮して死んでしまうというような視聴者のいることである。ブラジルでプロサッカーの試合をみていたファンが乱闘をして七十人の死傷者を出したというニュースがあったが、この場合はギャンブルがからむからで、決して試合そのものに興奮したわけではない。ギャンブルがからめば日本だって競輪、競馬で騒ぎは起きている。ギャンブルのファンと、勝負そのものに熱狂することとは違う。

プロレスの場合、鍛えぬかれた肉体によるショウなのだということが判断出来ない観客が気にかかるのだ。たとえ素手でも真剣勝負であれば腕を折ることも、目玉をくりぬくことも簡単であり、殺すことさえ易しいものである。その程度のことがわからない人が多いとすれば、ドラマだって、座談会だってどこまで理解されているか心細いものだ。これだからテレビは恐しいと思うのである。

さて、演出されたショウであることがわかりきっているプロレスに真剣勝負を要求するのは日本にスポーツを楽しむという歴史が無かったからであろう。

スポーツの殺気

封建制度下では武術の一部に加えられていたし、明治以降戦後までは立派な軍人になる為のスポーツであった。従って常に運動は真剣な真面目なものとして扱われてきたのである。

怪力同士が指を目の中に突込んだり、腕を逆にねじったりして無事なわけがないのに、それを毎日やって巡業しているのだ。プロレスが真剣勝負だったのは昭和三十二年力道山と木村政彦の一戦だけである。この時は公開の喧嘩だったから、僕は江戸時代に竹矢来を囲んで仇討ちをみるような興奮をおぼえた。

この仇討ちが禁止されたのは明治八年であり、首斬り役人が登場する死罪は明治十二年に廃止された。最後に首を斬られたのは高橋お伝であった。明治元年の近藤勇の断罪は公開で行われ、勇は首を斬られる時に観衆の前で髭《ひげ》をそってみせたという。江戸にさかのぼれば八百屋お七、丸橋忠弥《まるばしちゅうや》、もっとさかのぼって五右衛門の釜煎《かまい》り、これを見物に出かけるのは、ベトナムの公開銃殺に人が集まるのと同様、恐いものみたさ、血の色をみることの興奮を求めてのことなのだろうが、この神経は、ノックアウト・シーンを期待する神経とさして変らないものだと思う。自分に関係がないとわかれば人が死ぬのは最高の見世物には違いない。

日本でも十人近いスピード・レーサーが死んでいるが、インディアナポリス五〇〇マイルレースを宇宙中継した時のこと、僕が「誰か死なないかな」といったことが問題になった。良識派のいう不謹慎である。インディではレースの前に、レーサーが集まってその年に死んだレーサーの為に黙禱をする。そしてレーサー達は誓う。

「我々は事故を起さない、なぜならプロだからだ」

死んだ奴はアマチュアだと断言出来るのがプロレーサーなのである。

アマとプロの違いは死ぬか生きるかであり、三十万という観客は誰かが死ぬのをみにくるのだ。僕はたしかに「誰か死なないかな」と不用意にいった。不用意ではあったが無意識ではない。しかし、もし事故が起きて誰か死んだら中継アナウンサーの僕は何といったろう。僕はどうしただろう……僕はそれに賭けていったのである。それがプロだと心ひそかに思ったのだ。もし死んだら二度と放送の世界で仕事は無かったと思う。平気で人の死ぬのを期待した男である僕が、テレビに出るのがいやになった遠因にあのレースの中継があるのだと思う。

断わっておくがスピード・レースの死とベトナムの死を一緒にしているのではない。僕は戦争で誰かが死ぬことを願いはしない。空襲の下で育った子供なのだ、あんな風に殺されるのはいやにきまっている。

しかし自動車レースのように、自分に関係がないと確信がもてるスリルであれば、恐いものみたさはつのる。

顔面血だるまのジャイアント馬場が必殺の三十二文蹴りをみせるというようなシーンは、野球のグラウンドでの殴りあいにも期待されるのである。どんな競技でも殺気だつプロの選手に人気があるのは、欲求不満の観客の気持を確実に代弁しているからであろう。

プロならプロらしく

ある時期、このボクシングやレスリングに人気を奪われた相撲についていうと、かつて大相撲実況というのは、ＮＨＫを初め民放各局がカメラを持ち込んでいた。それが現在ではＮＨＫ一局であり、東京放送にいたっては日本プロレス（ＮＴＶ系）に対して国際プロレスをつくり、そこの中継権を独占し、ボクシング・ジムにまで参加しキック・ボクシングを育てている。そして、採算のとれる視聴率を稼いでいるのだ。

一方、国技とまでいわれる相撲は初の外国人関取に人気が集まるような現状である。明治維新で大名お抱えだった彼等が失業、明治十七年に天覧相撲があるまでは裸芸人という呼び方で河原乞食同様の差別を受けていた。明治四十二年に国技館が建ち、近代的な興行になると思いきや、演劇界ではすでに廃止の動きがあった茶屋制度をそのままひきついで、双葉山（時津風親方）さえ死ぬ前にこの制度を無くしたがっていたほどの癌《がん》になって今日にいたっている。そして相撲の全盛期は結局、双葉山六十九連勝（昭和十四年）ということになるのではないだろうか。安芸《あき》ノ海《うみ》によって双葉山が負けた瞬間、日本中のあらゆる機能がストップしたといわれ、中継をしたアナウンサーまでが啞然として声が無かったという。

それほどまでの人気を集めた相撲が大鵬という秀《すぐ》れた力士を持ちながら、なぜテレビからもそっぽを向かれてしまったのか考えると、明治四年に出された断髪令をいまだに拒否（?）している精神につながる。髪を七・三に分けポマードをぬりたくった能楽師が何の不思議もなく受けいれられているのは、彼等の場合、相撲と同じ大名お抱えの位置から維新で失業した時に、文字通りの貧苦を味わい、大部分が一時は芸人であることを見限り、その時点で世間並に断髪出来たのであろう。

その点、相撲は大名お抱えでなくなっても旦那に恵まれていたこと、その旦那に対しての芸人心得として、芸者が日本髪を捨てないように髪を切らなかったのだと思う。その後、芸者にはかつらが出来たが、相撲にはかつらというわけにいかない。こうして相撲はスターの出現がない限り民族競技のひとつとして保護されそうな傾向にあるのである。それにしても贔屓《ひいき》の旦那（スポンサー）や茶屋制度を完全に無くさなければプロスポーツともいえないが、そういう変則的なケースはボクシングにもある。キック・ボクシングの沢村忠はチャンピオンであると同時に会社員でもある。日本では珍しいことではないのだ。プロというのは、その道で飯を喰うことなのだが、それが出来ない現実がある。

大正十年に渡辺勇次郎が日本でプロボクシングを始めてから、ボクサーの生活は常に貧しく、戦後カーン博士に育てられた白井義男が自宅を建てた時には奇蹟のようにいわれたものだ。ボクシング・ジムが企業として成り立ったのはテレビ以後であろうといわれ、それでもチャンピオンが会社員なのである。

それでは野球はどうかというと親会社あっての宣伝事業として存在している。だから本質的には選手が会社員ではないだけで実業団チームと変わらない。

昭和八年、三原・水原を主人公とする早慶戦のリンゴ事件、甲子園の明石・中京の二十五回戦などがあり、野球ブームは絶頂だった。

この時の早慶戦をみていた若きエンタツ・アチャコが野球をテーマにして「しゃべ

くり漫才」を完成した。この時以前の二人はコント55号のように突きとばして、青竹で殴るという乱暴な漫才だったのである。

とに角この大変な野球の人気を下敷きにして、日本初のプロ野球団東京巨人軍が読売新聞の手で出来たのが昭和九年。

そして昭和四十三年、二リーグ、十二チームがそれぞれ親会社に経営されていて、ヤクルトがサンケイアトムズに、ロッテが東京オリオンズにこれも宣伝媒体として共同出資した。江夏豊の阪神タイガースは阪神電気鉄道株式会社が親会社であり、他にも近鉄、阪急、南海、西鉄など私鉄系列が多く、それぞれ球場までの観客動員でも稼いでいる。

企業の中の制約はあるだろうが、ボクシングも、相撲も、レスリングも宣伝媒体として割りきるべきだと思う。自動車レーサーのように企業の最先端に直結している人達が最もスマートにみえるのは当然であろう。

だからこそ江夏豊には照れたりしないでステージからニッコリ笑って、投球モーションのひとつでもやって貰いたかったのである。ロッテの飯島選手は盗塁に失敗してもスタンドに手をふるというが、それがプロというものだ。

テレビが発達してから、〝照れ〟の好きな日本人はアマチュアのようなプロに好意を持つようになり、素人っぽいということが人気の条件にさえなりつつある。テレビを通じて日常生活に入りこんでくる各界のスターは照れることによって親近感をつくり、茶の間に安住するが、彼の芸もそのまま上達することを忘れてしまうのだ。

プロはプロらしく、ファイティング原田は次のようにいう。

「誰に負けてもいいが、アマチュア出身にだけは負けたくない、あいつらにプロがどういうものかってことを叩きこんでやりたい」

体力の限界を踊る

審査員が着席した。

「私達はアーティスト精神にのっとり、正々堂々と敵をノックアウトするまで戦うことを誓います、昭和四十三年十二月三十一日、第十九回ＮＨＫ紅白歌合戦出場選手白組代表坂本九、紅組代表水前寺清子」

二人が宣誓するとファンファーレで選手はそれぞれ舞台の上下に退場し、二人の間には宮田アナが入って両者を激励する。白組の伴奏は宮間利之とニューハード、紅組は小野満とスイング・ビーバーズである。

まず紅組側から女性のダンサーが飛び出してきて気勢を挙げ、それを迎えるように白組からは男性ダンサー、坂本九もまじってダンス合戦というところ。

当然、女性ダンサーは超ミニスカートという衣裳でリズム&ブルースの激しい振りつけ、そのリーダー格がスタジオNO・1ダンサーズである。

スタジオNO・1ダンサーズはテレビの為のダンシング・グループとしては最も古く、昭和三十二年、草笛光子のホストによる「光子の窓」で結成された。カメラ割りされたフレームの中へ踊りこむという振りつけを最初に身につけることによって、単なる歌の背景だったダンスを独立させたチームである。

テレビの中ではダンスナムバーが最もリハーサルを必要とするといわれ、拘束される時間も長いのだが、そのギャランティのランクは新人歌手に及ばない。「踊り子風情が」という雰囲気がまだ残っているのである。

ズロースを見せる踊り

「まア、いやだね、きれいな娘のくせにズロースをみせて、足をひろげてピョンピョンはねるなんて」

ある日本舞踊の老師匠が初めてバレエをみた時にそういって嘆いた。

日本舞踊が出来るだけ動かないで動きを表現しようとするのに対してバレエは出来るだけ動くことで動かないものまで表現しようというのだから、日本人の体力でどこまで表現出来るものなのかが問題になる。

邦舞と洋舞の比較論は別の機会にゆずるとして、「舞踊」というものを「邦舞」と「洋舞」で語ってしまうことは注意したい。

「邦楽・洋楽」「邦画・洋画」という風に区別して平気な人は中近東、韓国、中国の芸能をどう呼ぶつもりなのだろう。

ここでは洋舞について書きたいのだが、例えば、天の岩戸の前で全裸に近い踊りを踊ったあめのうずめの命《みこと》の踊りが洋舞ではないにせよ、邦舞といえるかどうか。

邦舞の場合八百万《やおよろず》の神々をゲラゲラ笑わせたという性的な舞踊の伝統がどういう形で残っているのか。

民族舞踊とか郷土芸能、特に神楽舞といわれるものの中には、その交接行為そのものの振りつけが残っているが、明治以降、そういった原始的エネルギーを品性下劣ときめつけた為に衰退の一路をたどっている。

今日のストリップですら、腰を前後に突きだしたり、グルグルまわしたりする振りつけは禁じられている。しかし、ストリップ・ショウでは禁止されても、庭神楽では許されている。

川崎敬三が司会する「お昼にあいましょう」というワイドショウの二月十一日、建国記念日特集では、この交接を思わせる振付けを電波に流している。男女の神々が向いあって腰をつきだしている画面はまさに感動的だった。ストリップ・ショウではこうした感動的な振付けを禁じられているのだが、裸で踊ることを許して腰を動かすなということは、バタフライのサイズに文句をつけるのと同じでどうもナンセンスである。もっとも「全スト」「特出し」という名称で性器公開の全裸のダンスをみせているところはいくらもあるのだから、法の網をくぐることはなんとも思ってはいない。

イタリア人・ローシー

日本に洋舞といわれるものが来たのはいつなのだろうか。ヨーロッパの舞踊ということに限ればオランダのカピタンが江戸城の広間で将軍に舞踊をみせたという記録もあるが、日本人が正式にダンスを習おうとしたのは、明治十六年の鹿鳴館以後であろう。

勿論、社交ダンスであって、みせるダンスではないが、専門のダンス教師が来日したのは明治四十四年、帝国劇場を国立劇場だと感違いして、やって来たイタリア人ローシーである。ローシーは日本のオペラの項で触れるが、彼は帝劇の研究生のダンス教師としてレッスンをはじめたものの、生徒がうどんを食っているのをみて、この食事では踊れないと嘆いている。棍棒を持って鬼のようなレッスンをしたというが、ポケットマネーで生徒に肉を食わせることまでしたという。このローシーとなぐりあいの喧嘩をして飛びだした生徒が石井漠であり、石井と組んで踊っていたのが山田耕筰だった。

石井漠の新舞踊運動が苦難の道であったように、日本では舞踊といえば家元制度で成り立つ以外、職業化することは困難だった。

「古典が盛んであるということは、その国の不健康状態を意味するもので、あまり自慢になることではない」

「日本舞踊でいう『名取り』なるものは模倣が出来るという証明で、踊り手の証明ではない」

石井の言葉だが、こうして反撥する反面、「舞踊の真髄は、動かぬ算段である」と洋舞とは反対の能にも似た日本人的発想を基本にしていた。結果として石井の舞踊はその価値を高く評価されながら不遇に終る。彼の名前がもし舞踊界で忘れられても、メーデーで歌われるインターナショナルの作詞家ということでは残るに違いない。

外来のダンサーでは明治三十六年の第五回内国博覧会の不思議館で踊ったカーマン・セラーがいる。彼女は「電気応用舞踊」と称して、白いドレスを身にまとい照明で色を変化させて人気を集めた。踊りそのものは問題ではなかったのであろう。

電気踊りというのは後に桂小南《こなん》が寄席で演じ、この場合は着物に電球を仕込み、高座に電線を引いて、これを踏むと身体中がピカピカするという今考えれば子供だましの踊り。現桂文楽〔八代目〕の師匠で、文楽は前座時代にこの電気踊りの手伝いをしたという。

正式のダンサーでは大正十一年にアンナ・パヴロワが来日、踊りの名人といわれた六代目菊五郎を感動させている。

やがてバレエは敵性ダンスという時代になり、戦争中の洋舞界が不遇だったせいか、反動的にバレエ・ブームになったのが昭和三十年「赤い靴」の上映以後、バレエ・スタジオはどこも満員の盛況だったが、バレエそのものが盛んになることはなかった。

バレエのトウシューズを初めて紹介したのは大正四年、アメリカから帰った高木徳子でそのトウダンスは世間を驚かせ人気も集めた。

彼女は全国を巡業する内に興行よりもピストルの方がうまいというマネェジャーに食いつぶされてしまった。バレエの興行もやくざの手で行なわれたというところが日本的である。東映侠客映画も作り方によっては、ミュージカル映画になるという次第。

日本人とバレエ

こうして日本のバレエが満足なスターと作品を残さないうちに、大正十一年のアンナ・パヴロワ以来、最近のロイヤル・バレエ（ロンドン）、ボリショイ・バレエ（モスクワ）、シティ・バレエ（ニューヨーク）など本格的なバレエ団が来日し、苦境に立った日本のバレエ団は民族舞踊的な方向にすすむか、タレント養成所という形でテレビへ売り込むかということになっているのが現実である。

そんな中で、昭和四十三年、三島由紀夫脚本によるバレエ団の合同公演「ミランダ」が上演されたが、明治十九年に来日したチャリネ曲馬団に材をとり、魚河岸の若者がタイツでなく、モモヒキで踊るというアイディアが好評だったという程度であった。

日本の場合は、バレエ音楽というジャンルさえ確立してないという現状だという悲観論もあるが一方、土方巽《ひじかたたつみ》のように、舞踊とは「一個の肉体の中で、人間は生れた瞬間から、はぐれている、そのはぐれている自分とでくわすことだ」と暗黒舞踏と名づけた活動をしている人もいる。しかし、モダンバレエの世界から石井漠を越える人が出ていないことも確かである。そして、果して日本人に古典バレエが踊りきれるのだろうか。

モスクワのボリショイ劇場の舞台袖でバレエを観たことがあるが、その腰から足の線の美しさ、その体力の限界に挑戦しているとしか思えない激しさ、鍛えぬかれた筋肉の逞しさに息をのむ思いだった。ソロをすませた踊り手が舞台の袖に入った時に吐き出す断末魔の悲鳴のような息に唖然とした。心臓が口の中から血まみれになって飛びだして来そうな深い強い吐息なのである。そんな舞台でなら僕は踊り手の股間をみつめても自分を痴漢だと思わないで済むのである。日本のバレエをみる時に踊り手の股間が気になるのは、僕だけの責任ではないようだ。

　日本では個人的に秀れたダンサーがいてもバレエ団のレッスンを中心にした活動にならざるを得ないし、プロのダンサーというのは自分のステージではなく、教えることの月謝で生活出来ることをいうのだそうだ。

　踊れることを手段にして、歌手になるという中途半端なテレビタレントばかりの中から、いつ踊り手として完成された芸人になれるような人が出てくるのか、それとも邦舞も含めて、テレビカメラにとって舞踊とは演出家の舞踊なのだろうか。

　スタジオＮＯ・１ダンサーズがチームでやった仕事を個人で出来るダンサーを待ちたい。ゴーゴーダンスなら街の女の子の方がずっとうまいのだから。

芸名、醜名、源氏名、筆名

ダンス合戦が終ると水前寺清子がトップバッターを紹介する。振袖姿の都はるみである。

〽さようならさようなら元気でいてね
好きな二人はいつでも逢える
たとえ別れて暮らしても
お嫁なんかにゃいかないわ
待って待って待っているのよ
独りでいるわ
さようならさようなら好きになった人

（「好きになった人」作詞 白鳥朝詠）

一方、受けてたつ坂本九が紹介するのは三田明。

〽雨がはげしくたたいていたね
別れ港につづく道
胸がつまってさよならさえも
いえず背中で泣いていた
ローザ 忘れはしないよ
ローザ 信じておくれ
たった一度のくちづけなのに
忘れられない
いとしのローザ

（「薔薇の涙」作詞 水島哲）

「いとしのローザ」という横文字が出て来たところで、これも横文字名前の歌を佐良直美が歌う。

〽ファニー　あなたのまなざし
ファニー　夢みていたいのよ
おォ　幸せ
ファニー　あなたの心が
ファニー　すべてすべて好き
おォ　夢中よ

（「すてきなファニー」作詞　山口五十鈴）

横文字コンプレックス

国産の歌が横文字の女名前を歌うのは「上海帰りのリル」といった例もあるから珍しくはないが、出場歌手の中から横文字をひろうと、ペギー葉山、ピンキーとキラーズ、ザ・ピーナッツ、ロス・プリモス、フランク永井、アイ・ジョージ、ダークダックス、デューク・エイセス、バーブ佐竹といったところがある。

この方の先輩としてはディック・ミネなどという人がいるが、明治八年に麓誕三《ふもとたんざぶ》郎《ろう》という奇術の芸人がその家族を、それぞれエレメチスト、ホンチャンテル、チュネプレス、フロンションと名乗らせている。

芸人でなければジョン万次郎という例もあるし、クリスチャンネームならザビエルの来日以後いくらもいる。石松譲治がそのイニシャルと名前をそのままにアイ・ジョージと名乗るのは本名と変らないが、小鷹狩《こたかり》繁子がペギー葉山となると完全に芸名らしい芸名になる。

この芸名、源氏名、筆名、四股名《しこな》、リング・ネーム、という名称から芸人の素姓をさぐってみることが出来る。

本名以外の名前をつけることは本名を隠すことに通じる。

「山本長五郎人よんで清水の次郎長」というような時、清水の次郎長の方を醜名（しこな）という。四股名というのは宛字で醜名の方が正しいとすると、ここにも素姓がつながる部分がある。

参議院議員山田勇コト横山ノックというが、タレント候補といわれた中で名前をつかいわけたのは彼だけである。何故、参議院議員横山ノックではいけないのであろうか。山田勇は真面目で横山ノックは不真面目と考え、政治家がノックであることは肩身がせまいとでもいうのだろうか。そんなことはない、明治維新の元勲達は、足軽上りや、下級武士出身という素姓を隠す為に、偽の系図までつくり、藤原朝臣伊藤博文というような名前をつけている。これはプロボクシングの選手がみるからに勇ましい名前をつけるのと同じである。ピストン堀口、ガッツ石松とか、プロレスのジャイアント馬場などがあるが、その点野球の選手が本名なのはつまらない。グランド・ネームをつければ名前に恥じない活躍をするのではないだろうか。

　勿論、本名をかくす、身分をかくすという偽名だというのではない。芸名を名乗ることで心構えが出来るという意味あいもある。普段、無口で照れ性の人間が、扮装をすると人が変ってしまうのと同じで芸名をつけた途端にその気になってしまうものなのだ。極端な例がキャバレーでホステス全員に有名女優の名前をつけているところがある。清川虹子かなと思うと「吉永小百合ですどうぞよろしく」などといわれてしまう。それでもなんでも、ホステスはその気になってしまい、客は山本富士子のお尻をさわったり、三浦布美子の胸に手を突っこんだり、果ては若尾文子をホテルに連れこんだりすることになるのだという。名前を利用されている女優にとっては面白くないだろうが、これもスターであることの功徳であろう。

色街の場合は源氏名と里言葉が身分、出身地をかくす為であることはハッキリしている。高尾太夫の「ありんす」「くんなまし」ということになるのだが、この源氏名は襲名されるから、高尾太夫は何人もいることになる。紺屋高尾は職人の女房に納まるが、仙台の殿様に殺された高尾もいるのは御存知の通りである。

襲名という奇妙な習慣にも種類がある。尊敬している人の名前を貰うこともあるし、名前をつぎながら先代とは無関係の立川談志のような人もいる。先代の談志は古典落語に反撥し、今日の談志は最終目的として古典落語にすべてを賭けようとしている。

そして一方、芸名と芸風をそのまま継いでしまう歌舞伎の習慣がある。

「狂言なかばにはござりまするが……」

隅から隅までズイーッと

歌舞伎では襲名披露を芝居を中断して行なう時があるほど重要なものとする。芝居を中断するよりも別に披露の為の舞台を持つことの方が格が上なのだが、僕の感覚ではドラマの途中で客席に向って口上をのべる方が大事件である。

襲名披露という儀式そのものが、芸名の重みを感じさせるが、これは興行主の客集め作戦でもあるのだ。人気をあおるということになるのだが、どちらにしても、十七代目市村羽左衛門といった呼称は外国では考えられない。せめて、サミイ・デビス・ジュニアというくらいである。

フランスの劇評家ヴァン・チーゲムは次のようにいう。

「同一の名をつぐことは、血統による相続よりも、有力な先進の名を借りて観客の目に権力のかさをきようという役者達の要望を意味している」

これは正しいと思うが、つけたせば、儲かるという理由の興行師の要望でもあり、そして奇妙なことに襲名をして途端に芸が上達するケースもあるのである。歌舞伎にとっては意味のあることには違いないのだが、彼等には芸名の他に屋号もある。「成駒屋」「高島屋」「播磨屋」「成田屋」といろいろあって、これはよく芝居の最中に大向うから声をかけられることで知られる。勿論、単なるファンがかける場合もあるが、かけることによって祝儀を貰うセミ・プロもいる。

芸人が商人のように屋号を持ったのは、本来、士農工商とわけられた階級制度の商以下、つまり賤民として人間扱いをされなかったことから始まる。江戸期における芸人に対する差別は「役者何匹」と数えられたことに代表されるが、別のいい方をすれば明治八年まで課税対象にもならなかったのである。どうぞ、私達からも税金をとって下さいと運動した記録が残っている。そのくらいだからせめて商人と同じ扱いをされたい、それには店を持つことであり、形式的には屋号を持つことだったのである。

さて芸人として人気も出、屋号もついたとなると、こんないい商売はない。そこでこの権利を一家の利益として保存するために人気の出た芸名をそのままゆずりわたす襲名という儀式が必要になってくる。

歌舞伎の歴史というのは、芸人の家の歴史なのである。中には二代目吉右衛門、二代目鴈治郎《がんじろう》といったように明治以降で名前の大きくなった芸人もいるが、代表的なところで団十郎という名前も十一代目までできている。この初代の団十郎は俠客でもあり、芝居小屋で殺されてもいるのだが、襲名という習慣が俠客の世界にも残っている点に興味がある。

こうして名前をつぐことによって芸風をつぎ、芸の伝承を家族制度の中で守りぬいてきたから、歌舞伎の芸人の家系図はその全部が親戚ではないかと思うような複雑さを示している。例えば中村勘三郎を中心に考えると、その夫人は六代目菊五郎の妹で、兄に九朗右衛門と梅幸がいる。勘三郎の姪にあたる吉右衛門の娘が幸四郎夫人で、染五郎や二代目吉右衛門の母親。幸四郎の兄弟に先代団十郎と松緑がいて、義弟には雀右衛門がいる。勘三郎のところで修業した家橘は十代目仁左衛門の孫であり、この十代目と十一代目は勘三郎のイトコになる。この家橘が十五代目羽左衛門の養子になり延寿太夫の姉と結婚する。延寿太夫夫人の姉が勘三郎夫人。この夫人の家系は上方の中村富十郎につながり、富十郎夫人は鴈治郎の妹であり、成駒屋という家系は歌右衛門にもつながってゆき、……こうなると頭が混乱してくるが、歌舞伎が企業なら親族会社だということである。

一方、同じ襲名をしても芸風は気にしないのが落語の世界で、前述した立川談志は先代の立川談志の芸を全く知らないし、「どうもくだらない芸だったらしいね」などといっている。古今亭志ん生は二十回近く名前を変えたし、林家三平が古典派の正蔵（七代目）の息子というようなことは歌舞伎ではありえない。

もっとわからないのは豊竹山城少掾《しょうじょう》というような掾号である。宮家から賜わるというのだが、人間国宝とか人民芸術家のようにスッキリしないものが有難がられている世界なのだ。

どうも伝統というものを大切にするのにその名前の呼び方に頼るというのが〝不思議な国〟のお話である。

念の為だが永六輔は本名が永孝雄。六輔はＮＨＫのラジオ番組で長く六輔という名前の役を演じつづけたので、そのままニックネームになったもの。本来は筆名でなく芸名だったわけである。二代目永六輔を継ぐ人がいたらゆずってもいいが、それこそ初代に輪をかけたオッチョコチョイでなければつとまるまい。

漫才 吹きだまりの芸人達

〽そこには花が咲いている
愛の花が咲いている
いくら摘んでも花はつきない
どこに どこにあるの 愛の園
ふたり ふたりだけの 愛の園

（「愛の園」作詞 山上路夫）

絶唱タイプの布施明。この年流行のタートルネックのタキシード、胸元に大きなブローチ、佐良直美と変らないコスチュームで性別関係ないのが面白い。

さて、ここで白組の応援団、コント55号が登場する。いきなり、突きとばし、吹っ飛んで倒れ、又、突きとばすといった献身的ではあるが原始的な動きで会場を沸かせる。昭和四十三年の芸能界を掻きまわしたコンビである。客席はわけもなく笑い転げる。それが役の上でも、殴る、突きとばすというアクションが嫌いな従来のＮＨＫにしてみれば珍しいといってもよい画面であった。

天満天神の境内

コント55号の場合、漫才とは名乗っていないが、漫才ではないという根拠もない。とに角、ＡとＢが語り、動いて笑わせるのは漫才であり、時には三人になっても漫才といっている。関西の漫才には、夫婦、兄弟、姉妹というコンビが多いのが特色だが、そのそもそもは「しゃあないなァ、漫才でもやろか」という形で誕生している歴史がある。

他の分野の芸人が、どうにも自分一人では芸人としての自信が持てず、かつて太夫が才蔵をやとったように相棒を探して「どないや、漫才でもやらへんか」ということになったり、逆に素人が「漫才でもやって、芸人にならへんか」ということになる。そして、そうした例の中でも軽演劇出身というのが多い。

コント55号の坂上二郎は素人のど自慢の鹿児島県代表から軽演劇へ、萩本欽一は大宮デン助に弟子入りしてから軽演劇へ、そしてコンビを組むのである。では、この軽演劇とは何かというと、実にいい加減なジャンルで、悪くいえば芸人の吹きだまりなのである。浅草の軽演劇を左翼の文学青年が盛り立てたように、ムーラン・ルージュもまた伊馬春部《いまはるべ》を中心とするスタッフの才能と熱意が、吹きだまりの芸人達を育てた。軽演劇については別に触れるが、宝塚歌劇団出身の女優や歌手が多いように、軽演劇出身という肩書も多い。いわば、芸能界予備軍なのである。

軽演劇の定義というのはむずかしい、僕の方でそうだと思っても大阪の吉本喜劇、浅草のデン助喜劇というい方をして、「軽演劇」とはいわない。

芸人の「吹きだまり」といういい方は必ずしも正しくないが、漫才を説明しやすいので、もう少し使う。漫才を生んだ芸人の吹きだまりが明治三十八年の大阪、天満天神の境内なのである。

当時、盛んだった盆踊りの音頭とり、のど自慢の若者達がここに常打小屋を持つのだ。素人ではあるが芸が好きだという連中で、そのリーダー格に河内在の玉子屋を商売にしている円辰《えんたつ》という男がいた。今でいうと、学生バンドが乱立し、その中からセミ・プロが現われ、やがてプロになってしまうのと同じパターンである。グループサウンズの流行と全く同じなのだ。

伝統のない芸というのは、新しさを誇る反面、修業の積み重ねによる芸が無いというコンプレックスにつきまとわれるのは宿命である。

伝統のない芸が、その伝統がない為の差別に耐えて、みずからの芸と伝統を育て、体系づける、その繰り返しが芸能の歴史なのだ。

ボケとツッコミ

今や漫才は体系づけることが出来るまでに育ってきた。

のど自慢の村の若者達の集まりが舞台で歌い、やがて会話が加わり、この歌と会話のバランスが段々と逆転して、しゃべくり漫才になっていくわけだが、大阪の砂川捨丸《すながわすてまる》が小鼓を片手に漫才をやったのはその名残りだし、ギター片手の漫才も、その変型といえる。又、女性同士のベテラン、桜川末子《すえこ》、松鶴家千代八《しょかくやちよはち》のコンビは江州音頭の音頭とりから漫才になった証人でもある。漫才になったと書いたが、まだ昭和八年頃までは万歳である。

漫才の源流を三河万歳のような万歳に求めるのは間違いではないが、それはあくまで形式であって、精神は全く違う。万歳の方はあくまで祝言、神を讃えるといった民族芸能の要素が強いわけで、砂川捨丸もわけのわからない「ことほぎ歌」をレパートリーにしている。わかりやすくいえば、「アーラ、めでたいな、めでたいな、鶴は千年、亀は万年……」というのだろうが、実際は捨丸自身にもわからないという呪文のような言葉がつづく。それで門口をまわっては御祝儀を貰っていたわけだから、その発生では祭文語りや、説教節と変らない。神道系と仏教系の差があるだけである。

この門付けは浪花節の項目にゆずって、三河万歳に代表される「太夫」と「才蔵」の関係は、二枚目と三枚目、利巧と阿呆、漫才用語でいう「ツッコミ」と「ボケ」になる。

エンタツ・アチャコを例にすれば、ツッコミはエンタツ、ボケはアチャコになる。別の言い方をすれば、ツッコミは常に正しく、ボケは常に間違える。ツッコミが歌えば、ボケが合の手をいれるという形が原則なのだが、最近の漫才ではこの区別はハッキリしなくなり、時には攻守ところを変えたりすることさえある。

さてこの歌が主流だった漫才が、しゃべくり漫才といわれるように変化してゆくのは都市の発達と深い関係がある。

万歳から漫才へ

明治から大正にかけて大阪には工場が増え勤労者が増加する。そしてその勤労者が音頭（歌）よりも会話を求めたのである。

会話というのは時に事件のニュースであり、噂話であり、エロ話だったのだが、当然、刺激の強い猥雑なものが受けいれられた。

神戸では風俗を乱すという理由で禁止された時期さえある。前記砂川捨丸はこの禁止された漫才の上演再開に努力した一人である。上品であることを印象づける意味でも雲右衛門ばりの紋つきの羽織袴を着たというし、大正十四年から放送されたラジオでも初期は漫才は出演出来なかった。

昭和七、八年頃、トーキー全盛に失業した活動弁士達が、その話術を生かして漫談家に転向してゆく。その第一号が大辻司郎。

漫談という名前も、ポンチ絵が漫画になったのを真似たものであり、漫画、漫談ブームから万歳が漫才と呼ばれるようになった。

漫才の祖といわれる玉子屋円辰が天満境内に出演するようになって三十年たっている。さらにこの漫才を放送出来るような内容にしようと努力した一人に秋田実《みのる》がいる。

秋田実は東大を卒業して震災後、大阪に帰り、大衆芸能としての漫才を今日の形に育てあげた。東大と漫才の関係について彼は多くを語ろうとしないが、左翼活動が大衆芸能に結びつき、その中でも最も差別を受けていた漫才の世界とつながることで階級闘争への足がかりにしようとしたのではないだろうか。彼は漫才を家族で楽しめる娯楽にすることに情熱をこめる。阿呆と貧乏とセックスの話題しかなかった漫才はこうして聞いてためになる娯楽、そしてニュースと知識を提供さえする情報娯楽に成長してゆく。漫才だけ聞いていれば世の中のことはわかるとさえいわれるようになった。秋田実には漫才を通して社会を改造してゆこうという気があったに違いない。

　これは明治の中江兆民が職人言葉で演説したことにも通じる。しかし、その漫才がエンタツ・アチャコの登場であっというまにスターになってしまった時、スターは独走し、秋田実はその時点で挫折したのではないだろうか。彼は一時、漫才を離れ、戦後の漫才研究会以後、再び激しい情熱を燃やす。漫才師達に下品な笑わせ方をいましめ、座敷によばれることすら禁じるのだ。

一方において人気の出てきた漫才に目をつけた興行師が吉本せいである。エンタツ・アチャコの「早慶戦」が昭和八年、桂春団治《はるだんじ》〔初代〕が死ぬのが昭和九年。これを潮時に大阪の寄席は、漫才の勢力下になり、現在でも、寄席といえば漫才である。「花のれん」のモデルで現吉本興行の創始者である吉本せいは儲かる芸能として漫才の理解者でもあったが、その為に上方落語を踏みつぶしてしまったともいえる。

漫才の系譜

太平洋戦争中は漫才は浪曲と共に慰問団の主力になり、その中からワカナ・一郎といったスターが生れる。

戦後、秋田実は再び漫才の内容向上を目指して漫才研究会をつくり、これが漫才学校の母体となって蝶々・雄二、いとし・こいしといったスターが生れる。

東京の漫才は当然、大阪を追って生れた。それでもリーガル千太・万吉が、大阪にはない味を出し、トップ・ライト、てんや・わんや等につながる。

そしてこの二人という漫才の系譜にボーイズとか、ガールズというグループ、又はトリオという形で、楽器の演奏や、動きを主にした笑わせ方が加わるのだが、古典万歳にも三曲万歳といって十人近くが並んでやる形式があるから、クレージーキャッツや、ドリフターズを含んだとしても決して間違いではないのである。だからコント55号の場合もこの漫才の系譜に入るわけで、あんな風に二人で追いかけっこしたり、なぐりっこするのも昔からある手なのである。エンタツ・アチャコは若い時に青竹がささくれだつ程なぐりあったというし、今の平和ラッパも暴力漫才といわれた時期がある。

コント55号は「同じネタを二度使わない」というデビューをしたが、本来、芸というものは同じネタを何回も繰り返すことを修業といい、そうして完成品に近づけるものなのだから、始めからことさらに否定してスタートしたところに面白味があった。しかし、売れッ子になってみるとすでに同じギャグを四度も五度も使っている。「同じネタは二度使わない」というのは売り出しのためのキャッチ・フレーズ、いうなればコマーシャルだと思う。

六百年もの間、同じギャグを繰り返している狂言が、今日もなお笑えることを大切にしたい。

それとも、一度使ったらすてられるトイレット・ペーパー・タレントになるほど、なんとでもキャッチ・フレーズをつけて、稼げるだけ稼いで転業した方がいい。それも、また、立派な方法である。

色物という名の雑芸

ここで「色物」という言葉にも触れておく。東京の寄席では漫才は落語の間にはさまる色物だが、逆に大阪の寄席では漫才の間に落語がはさまっている。

本牧亭《ほんもくてい》の講釈（講談）はまぜものがない。浪曲席もそうだが、落語に限って「もたれ」「ひざがわり」というような名称をつけて落語以外の雑芸が間をつなぐ。能に対する、間狂言のようなものだが、どちらにしても目先を変えて楽しませようという精神に他ならない。

この色物は漫才を筆頭に奇術、俗曲、太神楽《だいかぐら》、曲芸、紙切り、声色、声帯模写、百面相、コマ廻しなどがある。それぞれ、主流になりきれなかった芸である。時にはスターが生れ、立花家《たちばなや》橘之助《きつのすけ》、春本《はるもと》助治郎《すけじろう》、柳家三亀松《みきまつ》といった人達は堂々と一枚看板で客を呼んだが、いずれも一代限りの芸となった。

この色物の人達は落語を主として、落語の邪魔をしない、つまり脇役としての心づかいと、芸では負けないという誇りで仕事をしているのである。例えば、トリの前に出る色物の心得は、帰るお客は帰して、そのあとの真打の話をじっくり聞くだけの客にしてから高座を降りるという。それだけで名人芸である。だから、トリの落語が始まってから客が帰ったら、前の色物の責任だということになるのである。この差別に耐えて、芸をみがく色物芸人には頭がさがる。自分が売れればいいというテレビ・タレントばかりの芸能界になんというゆかしい人達であろう。

只今より放送を開始します

水前寺が素晴しい母親であることを強調してペギー葉山を紹介する。

〽ラララ……ラララ……
誰も知らない　この秘密
そっと教えたい　あなたに
誰も知らない　この秘密
私の胸のときめきを
あの人だけが知っている
あの人だけが　愛の世界を知っている

（「愛の花咲くとき」訳詞　音羽たかし）

三年前にレコードにした歌を有線放送でやっとヒットさせた根性の男ということで千昌夫が登場。

〽別れることは　つらいけど
仕方がないんだ　君のため
別れに星影のワルツをうたおう
冷たい心じゃないんだよ
冷たい心じゃないんだよ
今でも好きだ死ぬ程に

（「星影のワルツ」作詞　白鳥園枝）

大正十四年三月二十二日

有線放送という形で盛り場にレコードを流している会社が全国に二百五十もあるという。契約している店となると五万軒近いというから、レコードがヒットするかしないかということに大きな影響力を持ってきて、逆に有線放送向けの歌謡曲が量産されるようになった。

そして昭和四十三年からは日本レコード大賞の向うをはって、全日本有線放送大賞を設定し、第一回として森進一が受賞した。有線放送はテレビのケースもあるが、それは別に触れるとして、こうして放送というものが放送局から一方的に送られるものではなく、我々がその送り手になることも出来るようになった。マスコミに対するミニコミとしてスタートしたのだが、歌謡曲の場合、夜の有線放送《ミニコミ》がマスコミをリードするところまで成長したともいえる。

ジャングルの奥で太鼓を叩きあったり、峰と峰でノロシをあげたりした伝達の方法が、グラハム・ベル以後、電信、電話として発達し、やがて無線電信、ラジオとして一般化される。

大正十四年、NHKが放送を開始する前から博覧会のようなところで実験放送はされていたが、その三月二十二日(現放送記念日)、東京芝浦の東京高等工芸学校内の仮スタジオから第一声が電波にのった。

「アー、アー、聞こえますか、聞こえますか、こんにち、只今より、放送を開始します」

この時の受信者数は五四五五人。六月には大阪、九月には名古屋でも放送を始めた。

当然、芸能界への影響は大きかったが、芸人側の放送に対する認識は全くナンセンスなもので、興行関係ではラジオに出演すると客が来なくなるというので、落語家の場合は放送禁止というお触れをだした。このお触れを守らなかったのが大阪で桂春団治、東京で柳家金語楼《きんごろう》、二人とも寄席から締めだされたが、やがて放送は客をへらすどころか、増えることがわかってこのお触れもウヤムヤに終った。

歌舞伎の場合は、当時の技芸委員長五代目中村歌右衛門をかつぎだすことで放送に先鞭をつけたが、ラジオ劇にもかかわらず、衣裳もつければ、立ちまわりまでやった。浪花節は名古屋のＮＨＫが力をいれて、一時は浪曲放送局とまでいわれた。

こうして、ラジオに出演出来る芸能のほとんどが放送にのっても、放送されなかったものに漫才がある。権威主義の放送にとっては大衆的すぎたのであろう。

初めの内は、ＮＨＫも出演者に出ていただいたのだが、ラジオが自分の人気に役立つことがわかってみると芸人誰もが出たがるようになる。需要と供給の原則で、出ていただくから出してやるに変るのも無理はない。こうして、芸人にとって「ＮＨＫでおなじみの——」という文句が金看板になる時代に入る。今でいえば「紅白歌合戦」に出るぐらいの大騒ぎだったわけである。

ＪＯＡＫが芝浦から愛宕山に移って、以来「山」といえばＮＨＫのことだった。そして今でも略称として「山」は生きているのである。

昭和二年になると、相撲中継、劇場中継も実現されるが、実況放送以前に、実感放送というのがある。野球でいえばスコアブックをみながら、あたかも実況であるかのように放送するのである。

また後の街頭テレビの発想と同じなのだが、ラジオを聞いた弁士が、それをさらに面白おかしく伝えるという方法もとられた。河西三省《かさいさんせい》はそうした弁士の一人だったがＮＨＫにスカウトされて、スポーツ・アナになり、ベルリン・オリンピックの「前畑ガンバレ」で男をあげる。

中継放送は確実にラジオのファンを増していった。即時性、同時性というものはテレビ時代になって、宇宙中継にまでひろがるが、当時のラジオですら、充分にその強みを発揮していたわけである。

日本に民間放送が始まるのが昭和二十五年だが、実は昭和九年に台湾の台北放送が番組にスポンサーをつけたことがある。たしか花王石鹸とサントリーだと思ったが、この時は宣伝効果がありすぎて大騒ぎになり、数日で中止した。今のスポンサーが聞いたらさぞうらやましいことであろう。

前述の「前畑ガンバレ！」は昭和十一年。ベルリン・オリンピックは時差の為八月一日から十六日の深夜から早朝に及び、日本中が耳をそばだてた。「ガンバレ」だけを三十八回繰り返したアナウンスは人々の心にきざみつけられたが、放送話術という点では余りに主観的な点が問題になった。

松内則三《のりぞう》流の文学的表現が全盛だったこともあるが、主観的ということは人間的ということに通じ、その人間らしさが共感を呼ぶ場合は批判を許さないものであってよいと思う。

ラジオ時代のアナウンサーは和田信賢《のぶかた》から藤倉修一とスターを産んでいる。

徳川流話術

話術ということが芸として評価されるようになって徳川夢声が認められてくる。彼自身、「話術」という本を書いているが、実験放送以来のベテラン活動弁士としての実績がものをいって、「放送芸能家」という、今でいう「テレビ・タレント」の大御所におさまった。その名前を確固たるものにしたのが「宮本武蔵」の朗読で、昭和十四年に始まっている。活弁時代の彼は「しゃべらない弁士」としてインテリの人気を集めていた。それまでの弁士が叩き売りよろしく、自分を売るのか、映画を売るのかわからない、単なる能弁家であっただけなのを、夢声は映画のイメージを大切にして、必要な言葉だけを補足するという形にしたのである。

元来が「活動弁士」というのは日本固有であって、明治二十九年「活動写真」が見世物であった頃の口上使いに端を発している。元祖はチンドン屋の大将なのである。従って夢声が映画の演出を認めた最初の弁士ということにもなる。

活弁に関しては映画で触れるとして、夢声は宮本武蔵以外にもラジオ・ドラマやフリートーキングの分野で活躍したが、テレビの時代になってみると、ラジオ話芸が通用しなくなっていた。

人柄の問題もからんで、テレビ話芸では、淀川長治、大橋巨泉、前田武彦といった人達の時代になるのである。

玉音放送

昭和も十年代になると放送技術も進歩し、録音もよくなり、マイクロホンも改良を重ねられ、こうしたことが芸に影響してゆく。

蛮声をはりあげる浪曲界にあって広沢虎造《とらぞう》のデリケートな節まわしが受けとめられたのもマイクロホンあってのことである。彼はマイクを使いこなし、それを武器にした初めての浪曲家でもあった。

今や、マイクの機能を熟知することは芸人の条件でもある。特に音楽の世界では楽器と同じ意味さえもってきて、若い歌手はマイクやスピーカーに助けられてやっと歌っているともいえる。マイクを拒否するのは浄瑠璃ぐらいではないだろうか。これには大劇場主義という点もからむので放送の話を先にすすめる。

夢声の「宮本武蔵」が始まったのが昭和十四年、すでに放送も軍部のいうなりになっていた。その二年後には「今八日未明、南太平洋上において米英と戦闘状態に入れり」ということになり、「○○方面から○○方面へ」と「○」をマルと読む放送が相つぎ、四年後には天皇陛下の玉音が終戦を告げた。僕は小学校（国民学校）の校庭で頭を下げて、ガーガーピーピーいう詔勅を聞き、先生が泣いているので、意味不明のまま貰い泣きした。

「真相はこうだ」「尋ね人の時間」「配給便り」「産業の夕」「英会話の時間」などを聞いて中学校に入った。そして「歌の新聞」が変わって「日曜娯楽版」になり、やがて高校生になった時からアルバイトをかねてコントの投書を始める。

日曜娯楽版

個人的な放送史になってしまうが、僕は敗戦が小学校の六年生。中学一年になって鉱石ラジオを組みたてた。五球スーパーが今のカラーテレビ並みの豪華品だった時代である。見渡す限りの焼跡でレシーバーを力一杯に耳へ押しつけて進駐軍放送の音楽を聞いた頃を忘れられない。

ミュージカル「南太平洋」を聞いた時は夢見心地だったことを覚えている。こんなにも甘く美しい音楽が世の中にあったのかと思った。三球スーパーを組みたてて、「鐘の鳴る丘」「えり子とともに」、そして、流れくるメロディは「世界の音楽」。五球スーパーで「日曜娯楽版」を待ちこがれた。

〽モシモシ、あのね、あのね、あのね
　これから始まる、冗談音楽。

三木鶏郎グループというのは戦後の新しいタイプの芸人達だった。三遊亭歌笑の落語や、笠置シヅ子のブギウギにまじって東大卒の法学士を中心に日大の三木のり平、千葉信男、中央大の河井坊茶《ぼうちゃ》、法大の小野田勇といったグループに日劇ダンシングチームの丹下キヨ子を加えたセミ・プロのグループがラジオを足場に、八〇％という紅白なみの聴取率をあげたのである。紅白なみといったが、昭和二十年に第一回紅白音楽試合が放送されている。

民間放送の開局

昭和二十六年、民間放送が開局。芸能色の強い民放のおかげで多くの芸人が仕事場を得ると同時に、公開放送という形で芸が無料で開放され、聴取者参加という形でアマチュアの芸が電波に流れた。

ＮＨＫには「素人のど自慢」があり、「異国の丘」などのヒットソングを生んだりしていたが民放の開局で聴取者参加と公開放送が一挙に増え拍手も強制されてするようになった。

この、放送による無料の芸と、素人の芸が日本の芸に与えた影響は大きい。少なくとも芸というものに金を払うことが当然だった歴史が終っているのである。そして、素人の芸に、玄人《くろうと》の芸にはない魅力があることを確認させ、素人時代といってもよい時代がきているのだ。

芸人が観客から金を貰っていないということは（間接的には貰っているのだが）客を粗末にすることにつながり、当然、芸が粗末になった。プロの芸が落ちる、アマの芸が認められるという現実は、そのまま放送芸能の甘さにつながり、つまるところ放送でまっとうな芸は味わえないというあきらめが普通の状態になった。

最近ではラジオで感動するということが余り無い。あの密度の高いラジオ・ドラマ、数多くの名作を生んできたラジオ・ドラマも、安易なディスク・ジョッキー番組に切りかえられつつある。何もかもが映像で与えられる現代ではラジオ・ドラマに耐える想像力も失っていってしまうのであろう。しかし、ラジオはテレビに押しつぶされたわけではない。

これからのラジオ

昭和二十八年、テレビが開局して五年もたつと、ラジオの時代は去ったとまでいわれるが、このラジオが昭和四十三年あたりから再認識され始めたのが面白い。テレビは別項で大正十五年以降の歴史に触れるのでここではラジオだけに限って書くが、僕自身の例を挙げれば午前中主婦向けの「どこか遠くへ」というフリートーキングの番組があり、呉羽《くれは》化学工業の提供でコマーシャルはクレラップ。食料品を包んで冷蔵庫にいれると新鮮度が落ちないという商品である。呉羽化学はこの商品の宣伝をラジオとテレビを通じて行なったが、宣伝費においてはるかに安価なラジオの方が効果の高かったことが明確な数字で現われたのである。費用においてテレビが六三％、ラジオが三七％、そして効果においてはラジオが一〇％も上まわり、この事実は僕達を驚かせるのに充分であった。ラジオにはラジオの道があるのだ。

現在、民放ラジオは二十四時間放送が多い。深夜というより、午前三時以降の夜明け時にまだ万を越す聴取者がいるということは、受験生という特殊なグループをのぞいても生活時間が変わってきたことを意味している。

また運転手のための放送があったり、特定の地域への放送があるのもラジオの特性につながる。結局「××県××郡の××さんから、○○市○○町の○○さんへ、この曲をお送りします」というような個人的な意思の伝達をかねるのがラジオの行きつく先のような気がするのだ。テレビが「家庭の皆様」という不特定多数を相手にする以上、その正反対の立場に徹底してこそ意味があると思う。勿論、テレビの見られない人、目の不自由な人に対する配慮を含めてである。

二百万枚突破

東映女優から歌手になった小川知子が紹介された。

〽ゆうべのことは　もう聞かないで
あなたにあげた　わたしの秘密
幸せすぎて　幸せすぎて
あなたに凡てを　かけたのだから
ゆうべのことは　もう聞かないで
このまま　そっと　抱いててほしい

（「ゆうべの秘密」作詞タマイチコ）

男性側は黒沢明とロス・プリモス。

〽二人だけのところを誰かにみられ
うわさの花が咲く銀座
一丁目の柳が溜息ついて
あなたの愛が目をさます
銀座銀座　銀座銀座　たそがれの銀座
（「たそがれの銀座」作詞　古木花江）

この歌、作詞は銀座のホステスだという。

通用する銭という単位

作曲という仕事は一応専門家のものだが、作詞となると誰でも出来るとあってバーのマダムとか、テレビタレントとか、作曲家のおかみさんとか、いろいろな人がデビューした。資本いらずで利潤が大きいということから利殖の大家邱永漢《きゅうえいかん》が詩を書きまくったことがあるくらいである。何かの拍子にヒットすれば百万円にでもなる上に、さほどの技術を必要としないのは僕の作詞も含めて本書に掲載してある歌詞をみればわかる。勿論、なるほどプロの作詞家だなァと感動する作品もあるから、そこは読みわけなければ失礼にあたる。

レコードの印税は一枚について一円から十円まであるという。他人のことはわからないが、作詞家時代の永六輔で四円内外である。「黒い花びら」の時が一円二十銭。「上を向いて歩こう」で二円。「こんにちは赤ちゃん」で二円五十銭。少しずつあがってきているが、円以下の「銭」という単位が生きているのは芸能界ではレコードと寄席の世界ぐらいであろう。落語の前座が、入場した客一人について一円五十銭とか、二円五十銭とかいっている。百人入って二百五十円の出演料なのである。当然、レコードの方が率がいい。例えば四円の印税で百万枚なら四百万円という有難い金額になるが、レコード売り上げというのは「公称」と「実数」という二ツの数字がある。公称の方は景気づけのサバ読みで、百万枚突破！などといい、実数の方は文字通り実際に売れた数で話半分の五十万枚とみればよく、コチラの方で印税が支払われる。今迄の最高は昭和四十二年から四十三年にかけて売れた「帰って来たヨッパライ」で二百七十万枚ということになっている。アメリカですら百万枚突破でゴールデン・レコードを出すのだから、この数字も怪しいといえば怪しい、実数は二百万までいってないと思う。いってなくても印税は巨額だが、この印税という制度も三浦環以後に常識になったもので、歴史的なヒット松井須磨子の「カチューシャの唄」（大正三年）などは一ダースのレコードをお礼に貰っただけだという。

レコード録音第一号

明治十年、エジソンがレコードを発明してから二十四年たって、日本で初めて円盤レコードが録音され、吹きこんだのは浪花節の初代浪花亭愛造であった。

かくして芸が保存され、商品化されるという画期的なことが始まった。レコードが映画と違ったのはその芸を自分で所有することが出来ることだ。

明治三十四年に死んだ三遊亭円朝は一年違いで録音が残せず幻の名人になったが、桃中軒雲右衛門、吉田奈良丸、松井須磨子といった人達なら今でもその声を聞くことが出来る。

円盤以前はロウ管レコードの時代があり、これは円筒型のレコードで音量が小さく、ゴム管を耳にあて、聴診器のようにして聞いたものだが長つづきはしなかった。今でこそ、ステレオだのLPだのいうが、電気録音以前は、レコードというと、自動車屋か、時計屋が兼業していたということでも実状がわかる。

　レコード録音の第一号が浪花亭愛造ということには色々な意味がある。まず、声の大きい方が録音しやすかったこと、そして一流の芸人はレコードという新しい仕事に飛びつかなかったことである。これはレコードに限らない。映画、ラジオ、テレビ、どれをとってもその初期には俗に一流といわれる芸人から差別されたものだ。レコード会社がその初期に一流スターをかつぎだせたのは外国資本だった関係で札束が積めたからである。どんなに誇りが高くても札束には弱いのがスターの常である。その上、レコードを吹きこんだ芸人がアッというまに日本中の人気者になるのを見逃すわけはなかった。この段階では芸人の十八番を録音したのだが、売れるとなれば、売れる歌をつくって出そうということになる。こうして流行させる為の歌がレコードによって送り出され、ここに「送り手」があって「受け手」があるという一方的な歌の押売りが始まり、昭和に入ると軍閥政府による押売り歌謡ばかりとなり、日本人は与えられた歌をだまって歌うという習性を身につけてしまうのである。

只今発売！　爆発的ヒット！

ここでもう一度「カチューシャの歌」の話に戻す。この歌は、大正三年に上演された「復活」の主題歌として島村抱月《ほうげつ》が相馬《そうま》御風《ぎょふう》に作詞を頼んだものである。島村は御風の作詞が出来ると書生だった中山晋平に作曲させた。無名の中山を抜擢したのは、抱月と須磨子の恋愛にとっても彼が重要な役割を果していたからだという説がある。

「小間使いの歌だから高尚すぎないように、讃美歌も困るし、唱歌でもいけない、西洋のリートと日本の俗謡の中間がいいだろう」という注文がついたが、中山晋平は初日直前まで作曲に苦しむ。しかし、歌詞の間に「ララ」という言葉をいれることでメロディが完成する。原詞にはない「ララ」をいれたことで彼は相馬御風に気をつかい、その譜面には「ララは目にたたないように歌うこと」と注意書をした。

〽神に願いを、ララかけましょか

この歌が舞台で歌われると観客は楽屋に押しかけて歌詞を教えてくれという。晋平は感激して、この歌詞を大きな紙に書き劇場のロビーに貼りだした。この歌詞を書きうつす黒山の人に晋平は成功を確信出来た。島村の母校である早稲田の学生が歌いはじめ、町に流れ、やがて夏休みの帰省と共に日本中に散っていった。そこへ巡業である。主題歌のヒットは、舞台のヒットにつながり、やがてレコーディングされる。こうして作曲家中山晋平が生れた。

　ここで言いたいのは歌が流行したからレコードになったのであって、レコードにして流行させたのではないということだ。求めるものを与える形だったレコード界が押売りをはじめ、今ではこれでもか、これでもかとラジオ・テレビが新曲を流しまくる。「只今発売！　爆発的ヒット！」という文句が売り出す前に用意されているのである。

　そして情報産業の発達にともなってテレビの視聴率のように、売り上げのデーターが毎週発表されるので無名有名を問わず、今、誰のレコードが一番売れているかということが一目瞭然なのである。これは実力に関係が無いとはいえ、白組の司会である坂本九などベストテンに名前が出なくなって久しい。逆に千昌夫のように人気が出なくても着実に売り上げが伸びているのがわかったから、今の新人は幸せだなと思いましたという人もいる。スターといえども売り上げベストテンに名前が出ていないとなると、現実にはスターでなくなる。

　流行歌手において虚像と実像を区別するなら、ベストテンにランキングされているのが虚像であり、そこでの人気と関係なく歌うのが実像ということになる。テレビやラジオではこの虚像の方に出演を依頼している限り視聴率は安泰ということになる。テレビはとも角、ラジオはレコードさえかければいいということで、民放ラジオは「歌謡曲でぶっとばせ」というタイトルそのままに、一日中、歌謡曲をかけているような感じである。

僕達は商品です

戦前の場合だと一曲のヒットで五年は人気・生活ともに保証されたという。ヒットした歌をもって全国を巡業し、朝鮮半島から満州、台湾まで歌い歩くことが出来たのだが、テレビで歌うということは一瞬にして全国を巡業してしまうことになるのである。今日では一曲のヒットで三カ月から六カ月もてば良いということになっているのだから、実力の無い歌手はスターになっても泡のように消えていってしまう。それを逆に意識して「帰って来たヨッパライ」を大ヒットさせ、その人気のある内に解散してしまったフォーク・クルセイダーズというチームまで出来た。

グループ・サウンズの中でザ・タイガースというチームはこれこそ情報産業の申し

子で、計算され、演出されて売り出され成功した例である。ビートルズのアメリカ版をつくろうと商品として売り出されたモンキーズのメムバーは記者会見で自分達は商品であることを認識しているといった。

芸能週刊誌が書きたてる、テレビに出まくる、ファンの狂態が輪をかける、あとは当人達にちょっとした才能があればスターになれるのだ。

もちつもたれつのマスコミ商法で今日も新しいレコードが売り出されてゆく。

ショウ・マスト・ゴォ・オン

ロス・プリモスが歌い終るとカメラが初めて劇場から外に出て神田連雀町の藪そばから、年越そばで賑わう店の中継になり、宮田アナがインタビユーをしていると出前から帰ってくる店員が北島三郎、店の女主人が江利チエミで、それぞれ白組紅組の応援をする。

総合司会ということになった宮田輝の持ち場ということらしいが、再び東京宝塚劇場に戻ると水前寺が一段と自信たっぷりの口調で、お待たせしましたとばかり紹介したのがダービーハットのピンキーとキラーズ。

〽忘れられないの　あの人が好きよ
青いシャツ着てさ　海をみてたわ

私は裸足で　小さな貝の舟
浮かべて泣いたの　わけもないのに
恋は　私の恋は　空を染めて　燃えたよ
死ぬまで私を　一人にしないと
あの人がいった　恋の季節よ

（「恋の季節」作詞岩谷時子）

ピンキーとキラーズを育てたいずみたくは、グループ・サウンズが全盛の中に大人の鑑賞に耐えるようなスタンダード・ナムバーばかり歌うグループをつくろうと思ったという。

ナイト・クラブで静かに歌えるグループという目的でメムバーを集めたのに、一曲の歌でスターになられては困ったなとつぶやいた。

さて、そのグループ・サウンズの中で髪の毛は短く、キチンとネクタイをしているのがブルー・コメッツ。

嬌声や失神とは関係がないということでNHK公認のエレキギターが演

奏される。

〽あなたのお家は
緑にぬれた草原の
草原のはるかかなた
風が走る朝
あなたの頬にひとしずく
美しい愛のめざめ

（「草原の輝き」作詞 橋本淳）

世界のショウ・ビジネスで活躍するというキャッチフレーズは、ザ・ピーナッツ。

〽ガラスのようなつめたいくちづけを
残してあなたは夜霧に消えたの

あなたがいないと目の前が暗い
もろい恋の命よ
こわれた胸のシャンデリア

（「ガラスの城」作詞なかにし礼）

エノケン大売り出し

ヨーロッパ、ソ連、そしてアメリカでピーナッツの噂を聞いたことがある。音楽祭という形でなくビジネスとして世界を舞台に活躍している筆頭には違いない。名古屋から上京したての頃、レースのついた下着が嬉しくて、着たまま見せてくれたことがある純朴な女の子だった。十五年も前の話である。

世界のショウ・ビジネス（ダニー・ケイ・ショウ、エド・サリバン・ショウ）に耐えるということは大変に立派なことだが、日本にもささやかなショウ・ビジネスの歴史があり、そこにエノケンがいる。

昭和四十三年十二月二十六日、東京のサンケイホールで初めてといってもいいというエノケンのリサイタルを聞いた。二回による手術で片足をそのつけ根から切断した勇気のあるショウマンである。

さて、エノケンが久し振りに舞台で歌っている頃、日本人初のノーベル文学賞を得た川端康成はストックホルムからの帰途についていた。昭和四年、エノケンは川端康成の「浅草紅団」で紹介されたことから人気を集めたカジノ・フォーリィのスターであった。カジノ以前、彼は浅草オペラのコーラスボーイをしている。三越少年音楽隊出身の柳田貞一の弟子になり、オペラ歌手を目指したが、大正十二年の関東大震災以後、浅草オペラのブームも去り、オペラ時代からのコミックな演技がみとめられて、カジノにさそわれる。カジノという名前はパリのクラブからいただいたものの、いうなれば水族館の二階の余興であった。いつも客席より舞台にいる人間の方が多かったのだが、朝日新聞に連載された「浅草紅団」にこのカジノが書かれた翌日から満員になってしまったという。

「エロチシズムとナンセンスとスピードと時局漫画風なユーモアとジャズ・ソングと女の足と……」と書かれている。

踊り子の中には望月優子もいてこの時には十五歳である。

二時間三十分を二十二分に

カジノは昭和六年に開場したムーラン・ルージュと共に日本にボードビルを植えつけたのだが、今ではテレビのバラエティ・ショウの原型になっている歌や踊りをコントでつなぐ方法はすべてここで完成されているといってもよい。

「カジノ」といい「ムーラン」といい、それぞれパリのナイト・クラブの名前をそのままつけてしまっているが、これは昭和二年に宝塚が上演してヒットした「モン・パリ」以後の傾向で、ヨーロッパ風ということはパリそのものだったのである。そして「カジノ」や「ムーラン」の種をまいたスタッフにパリ帰りの画家達のいたこともあった。特に「カジノ」を脱退したグループが「プペ・ダンサント」などと名づけるにいたってはフランスかぶれも徹底したものだった。

さて、バラエティ、フランス語でボードビルの形式が上演されたのは、明治初期のスリエ・チャリネの曲馬団までさかのぼらなければならない。

日本にも「馬芝居」と呼ばれる曲馬団があったが、チャリネは今でいうサーカス。アクロバットや曲芸、猛獣使いが早いテンポで展開されるので、見物はビックリギョーテンした。明治十九年である。日本にだって曲芸も手品も馬芝居もあるがそれがひとつのステージで次々に演じられるということは無かった。五代目菊五郎がチャリネに扮して歌舞伎のステージで再現したというが、それほどの人気があったということにとどまる。

明治二十二年になると西洋のミュージック・ホールの如き演芸館をたてようという意図で東京日本橋に有楽館が開場した。

ここでは講談（伯円）、落語（円朝）、奇術（正一）、清元（延寿太夫）といった人達が同じ日に出演しているから和風ばらえてぃではある。

二十五年には、こうしたメムバーの中に市中音楽隊が入って「ジョージア・マーチ」など演奏した記録があるから、このあたりがバラエティ・ショウの元祖ということになる。

こんな状態の中でいきなり、アメリカ風のショウ形式を持ち込んだのが松旭斎天《しょうきょくさいてん》勝《かつ》の一座なのである。

アメリカ巡業は川上音二郎一座もやっているが、明治三十四年に師匠の天一と共に、そして大正十三年には天勝を座長に二度目の渡米。この時に同行した石田天海が健在だが、彼の話だと、用意していった二時間半のショウをアメリカの演出家がカットすることなく二十二分にちぢめてしまい、それが慣れたら十七分にまでなったというのである。帰国後の天勝一座がいかにスピーディな演出で驚かせたかということがよくわかるエピソードである。

こうしてみると日本にアメリカのショウのテンポを紹介したのが天勝一座、パリのショウの豪華さをみせたのが宝塚ということになろう。

だから昭和初期のカジノやムーランはその規模からいって今のアングラ的なショウをみせていたわけである。

殿様ロッパ

話が前後するが昭和八年ハーゲンベックサーカスが来日し、浅草で「笑いの王国」が旗挙げする。このグループは古川ロッパを中心として、徳川夢声などトーキーによる活弁失業家と、映画スターによる実演なのだが、ほぼ全員が舞台で演じることは素人、その素人っぽさが新鮮にうつり、当時のモダニズムとマッチして、浅草の人気をエノケンとわけあった。

このロッパは当時の芸人の中では、ずばぬけた知識人であり、お坊っちゃんである。趣味の声帯模写（彼の造語である）からモダン曽我廼家《そがのや》を目指して芸能界に入った。そしてサトウハチローの弟子だった菊田一夫を得て、脚本に恵まれた俳優生活をおくることになる。僕は学生時代、彼の演技に口出しをして、「無礼者ッ」と一喝された。彼の「劇書ノート」という本は演劇関係の本の読後感だが、読みも読んだりと驚く。ロッパ劇団出身なのが、森繁久弥《もりしげひさや》、山茶花《さざんか》究《きゅう》、今は森繁劇団として師匠に続いている。

戦後、浅草の生んだエノケン、ロッパが有楽座で共演するが、エノケンの脱疽、ロッパの糖尿病と元気な舞台はみられなかった。

ストリップ全盛へ

昭和十年日劇が開場して日劇ダンシングチームが生れ、宝塚少女歌劇も東京に人気を定着させつつあった。一方、松竹少女歌劇は水の江滝子の全盛時代、僕などは浅草生れの浅草育ちだから子供心にターキーという名前が神様のように思えた。「あちしに人気があったなんて今考えると嘘みたい」と今日の彼女はいう。

このレビューも当然のことながら軍国主義の世の中で通用するものではない。ドリフターズやクレージーキャッツの大先輩だったあきれたぼういずも、この非常時にあきれている奴があるかと叱られたという時代である。

軍国主義下の芸能は別にまとめるが、戦争中はすべて敵性娯楽とみなされたから手も足も出なかった。

とに角、楽しいショウは戦後である。といっても戦後のショウはストリップの歴史から始まる。

今日につながるストリップ劇場が生れたのが昭和二十二年、まず秦豊吉《はたとよきち》による新宿でのバーレスクが額縁ショウをみせ、つづいて渋谷ではヌードが踊って観客を呆然とさせ、感動させた。この日本最初のストリップダンスで幕の後にいてブラジャーをはずす係だったのが田中小実昌《こみまさ》である。

こうしてストリップのスターが生れた。メリー松原、ハニー・ロイ、ジプシー・ローズ、ヒロセ元美、フリーダ松木、吾妻京子、ヘレン滝、と学生時代に憧れた人達はいつまでも忘れられない。そして脱ぐといえば曲は「ハーレム・ノクターン」ときまっていたのもなつかしい。

あの戦後の飢えと貧しさの中で思春期を迎えた人間にとって彼女達の肉体は生きることの夢でさえあった。中学生時代に「ボタン・アンド・リボン」を「バッテンボー」と歌いながらストリップ劇場の切符を買ったあの興奮をその後の観劇で味わったことは無い。

「レディス・アンド・ジェントルマン、オトッツァン・アンド・オッカサン、オコンバンワ、タニヤンザンス」

トニー谷、戦後派ボードビリアンの鮮かな登場に、笠置シヅ子の東京ブギウギ、踊る京マチ子。そこに僕の戦後がある。

日劇小劇場では踊り子達が私達は「ストリッパーではないヌード・ダンサーである」と宣言したりしたが、やがてヨーロッパ風に最初から脱いでしまっているマヌカンも登場し、踊りながら脱ぐというアメリカン・スタイルと種類が分かれるようになった。しかし、脱ぎながら踊る方は腰をグルグルとまわしたり、前に突き出したりするのは性交を連想させ、良俗を乱すという理由で禁止されている。といっても地方の小屋のストリップは全ストが常識であり、それも内臓がみえるぐらいひろげないと真面目にやれと野次られる。ストリップというのはそういう意味で裸体の美しさを鑑賞させるタイプと、性器そのものを鑑賞させるタイプに別れる。明治になっても女性性器をタンポ槍で突くという見世物はあったし、男女の交接を演じることも公認された時期があったのである。

天の岩戸のあめのうずめの命のヌード・ショウに始まって日本での性器崇拝は公開の形でいくらも現存しているのだから、舞台だけを取締まるのは余り意味がないといえる。

とに角、ショウの本質はそういったセクシァルなものを基点にしてバラエティをつけるということになり、そういう意味でザ・ピーナッツをみると、その衣裳、その振付、コケティッシュで、セクシァルな点、たしかに世界的水準のショウ・ガールだった。彼女達がホステスになっている「シャボン玉ホリデー」というテレビ・ショウは四百回を数えているが、まだまだ日本のショウの伝統を掘り起しているとはいえない。是非ともその点を期待したいものだ。

ショウこそテレビの本筋なのだから。

茶の間の芸者

橋幸夫、舟木一夫、西郷輝彦を御三家というそうだが、その御三家のトップバッターが西郷、坂本九と踊りながらセンターマイクへ。

〽愛しちゃったのさ　友達の恋人を
いけないと思う　でもなぜこう好きなんだろう
いつか　ついに出逢った時も
誰にも見られぬようにした
とても辛いのさ
内緒で愛を告げた日

（「友達の恋人」訳詞　銀川晶子）

紅組は日本髪の三沢あけみが客席から舞台へ、歌は木曽節、自分の持ち歌でないことが珍しい。

〽木曽のなア中乗さん
木曽の御岳さんはナンジャラホイ
夏でも寒いヨイヨイヨイ
ヨイヨイヨイのヨイヨイヨイ

坂本九が七五調で京都祇園の状景を活弁調で語るところへ、和服の着流しフランク永井。

〽情ながした　加茂川に
とけた淡雪　はかなくて
好きや好きやと寄りそった

恋の真実《まこと》が　いまさらに
（「加茂川ブルース」作詞 東次郎）

歌っていると芸者姿の三浦布美子、京都祇園ではなくて東京浅草の名妓、田毎《たごと》流の家元というよりＮＨＫ・ＴＶ「芸能百選」で人気があがったこの年の売れッ子。

歌いながらフランクが大いに照れて、会場が沸いた。

三浦布美子をみているとＮＨＫは検番もかねているのかと思う時があるが、芸者と茶の間について考えてみたい。

役者買い　芸者買い

「11ＰＭ」の大阪版ホステス、祇園出身の安藤孝子（元孝千代）の人気が定着したところで、東京・浅草の芸妓からＮＨＫ・ＴＶ経由で人気を挙げた三浦布美子は「疲れている貴方って……いやッ」などとコマーシャルでも鼻声を出して男心をそそっているが、安藤孝子と違って三浦はお座敷の現役である。それがＮＨＫの番組でも、艶っぽい彼女に粋な小唄を歌いかけられると、四畳半で差し向いのような気分になるから妙なもので、それはキック・ボクシングの迫力にまさるとも劣らない。このブラウン管を突きぬけてくる魅力を持つタレント、淀川長治や、前田武彦、大橋巨泉もそうなのだが、これがテレビ・タレントの資格ではないだろうかと思う。というわけで三浦布美子は茶の間をお座敷にしてしまうのだ。

　明治四十年に創刊された「演芸画報」には芸者の写真が多いが、印刷、レコード、映画、ラジオ、テレビ、それぞれの時代に芸者又は芸者出身のスターは多い。というより芸者も芸人であると考えた方が正しい。

　レコードの場合「うぐいす芸者」などという愛称で、僕達の世代でも、喜代三、小梅、市丸、二三吉、勝太郎といった名前が浮かぶし、伝説では栄竜、万竜、洗い髪のお妻、富田屋の八千代、さらにマダム貞奴、モルガンお雪というスター達がいる。

　さらに歌人でもあり、男千人斬りを果した深川芸者小さんという傑物もあり、小さんの場合、明治十三年四十八歳で千人斬り記念パーティを開いて斬って捨てた千人を招待したというのだから、誰も楽しませることの出来ない芸人など足元にも及ばない。

　吉原を初め遊廓を知らない僕の世代では、芸者、花魁、娼妓、太夫、夜鷹などという一連の呼称が区別出来ないので、その辺の失礼はお許しいただくとして、江戸日本堤の夜鷹に「ひととせ」という女がいて、その名前は一晩に三百六十五人の男を抱いたからだという。これが事実なら、これも名人芸ということになろう。

「芸者買い」「役者買い」という言葉があるが、だからといって芸者が誰にでも身体を売るとは限らないことは高尾太夫のセリフを聞いたってわかる。高尾は芸者でなく花魁なのだろうが「わちきは廓《くるわ》育ち、意地と張りとが命でありんす　情知らず　訳知らず　お金の威光で自由になさろうという野暮な主さんには　どうあっても　なびくわけにはなりんせん」と仙台の殿様を袖にする。今でいえば国務大臣に首を横に振るホステスといったところだろう。

高尾のついでに揚巻を例にすれば助六（侠客）に惚れて、意休（武士）にたてつく、その心意気である。つまり、粋であり「カッコイイ」点でスターの要素を持っている。この色街にある粋の美意識はそのまま芸人に受けつがれ、芸者と役者はいまだに密接な関係を秘めている。

都をどりはヨーイヤサァ！

色ごとと芸ごとは表裏一体となり「色で仕上げた芸」がものをいうという伝統があったのだが、今日のように女性週刊誌に書かれ、良識の餌食になってしまうようでは、とても粋な芸人が育つ時代ではなくなった。

昭和十年、小林一三が東宝の演劇は花柳界と断絶すると宣言して大騒ぎになり、警視総監が間に入って示談にしたという事件があった。今から考えるとその意味もわからないだろうが、江戸の昔から芸者と役者は持ちつ持たれつ、いうなれば色街は、芝居の営業・広報担当重役だったのである。現在でも、京都南座の顔見世には祇園芸妓の総見がある。そんな関係だから役者夫人又は二号には圧倒的に芸妓出身が多い。

縁を切るといって切れるものではない上に、色街は政界のオエラガタに直結している。こちらにも二号を提供しているから、企業家としての小林一三も前言を取り消さざるを得なくなってしまったのである。小林一三の理想論はいいが認識不足はまぬがれないし、逆に怒った花柳界も野暮というものである。大名すら袖にする心意気があってこそ庶民のスターなのであって、保守政治に密着した色街など意味がないといいたい。

武士に対する町人衆が旦那だった江戸時代から、政治家や実業家が旦那になる明治以降では色街こそ野暮の代表みたいになってしまった。権力に対する町人の反撥を心意気で受けとめた女達を今日求めるとなれば、場末のキャバレーやトルコ風呂にいるのではないかという気になる。

勿論、芸事を仕込まれ、邦楽・邦舞はいうに及ばず、和歌、書道、茶道、華道、博奕の類まで名人の域に達していなければいけないというわけにはいかないが、逆にいうと、今日の芸者の存在価値は、お座敷に伝わる古典芸能の保存ということになろうか。

今日、それぞれの色街にナントカおどりなるものがあり、祇園の都をどり、新橋の東をどりという豪華版もあるが、ああして芸者が舞台に出てきたのは明治以降のことなのである。

「都をどりはヨーイヤサァ」、暗転から一瞬にして灯の入る、世界のショウでも一流の幕あきの演出を持つ都をどりも明治四年、京都の博覧会の余興としてスタートしている。だから本流はあくまで座敷の芸であり旦那対芸人、それなりに独特な表現を要求されてきた。これは選ばれた人達の為の選ばれた芸であってこそ意味があるので、皆様の芸として大安売りをするようなものではない。

お座敷遊び

一人対一人となった場合、芸者と旦那になんらかの性的な関係があってしかるべきだし、そこまでを含めて芸を楽しむということになれば、なんという贅沢さ、財産を投げうって遊ぶという気持もわかる。要するにそのセクシァルな背景があればこそ、芸者の艶っぽさが商品になり、芸にまで昇華するのであろう。ひとつの例として大阪宗右衛門町で美妓が舞った「十二月」の歌詞を引用してみる。

〽先づ初春の暦開けば心地よいぞや皆姫始め、一つ正月年を重ねてよわいお客はつい門口でお礼申すや新造、禿《かむろ》は例のかわらけとりどり薺（なつな）七草囃《はや》し立てればこころ生々ついお戎《えびす》とじっと手に手を〆の内とて、奥も二階も羽根や手鞠《てまり》で拍子揃えて音もどんどとついてもらへばふね正月や、こたへかねつついく如月《きさらぎ》のもれて流るる水も薪《たきぎ》やのう（能）恥かしや。

まや（麻耶）も祭か初午そうにだいて、温繋（ねはん）の雲にかくるる屏風の内で、床の彼岸か聞も松籟《しょうらい》あつよい弥生《やよい》をゆびで悪洒れ憎とふつつり桃（股）の節句は汐干というて痴話の炬燵《こたつ》で足で貝ふむしゅうどうすき（衆道好き）こそかうやみえくやさて水揚げの卯月卯月も後にや広々釈迦も御誕生、息も絶間の練供養、つくや夜明の鐘の響は権現祭、ぬれてしっぽり五月雨《さみだれ》月とて、度胸（道鏡）まさりの幟棹《のぼりさお》立て、かぶと頭巾の幕（ずいきを巻く）や粽《ちまき》の節句、御田の紋日きけいし長命薬、いくをやらじととめて答えりゃ、ついりんしょう（淋症）に愛せんと涼み祇園のほこほこ饅頭子供時分はよい夏神楽すぎたしるしか太い提灯、滋養玉子で勢をつけては、皆お払いやっつける、文月折にふれての七夕客も、娘仲居をくどきとるのが音頭と事よ声でむっちり白き太股、通を失う萩月さても楽しみ血気盛りの気を引く内には、おばめ月のぐっと月、見りゃいざよい（十六夜）気味と又とりかかる二度目の彼岸定仏……（以下略）

これで十月までだが長くなるのでここまでにして、つまり、この種の歌を芸者に舞わせ、幇間《ほうかん》を相手に一杯やるような、そんな遊びに色街、花街の本質があるなら、あらためて一生の蓄財を一夜の内にという気にもなる。しかし、もしそれをしてみようということになって、今の色街にその受け入れ態勢があるかというと、祇園の料亭がバーをやる時代でこれも無い。

もう需要と供給のバランスは乱れ、せめてブラウン管に登場する美妓と差し向いで「もう一寸、そばへおいで」などとつぶやき、それを女房に聞きとがめられて嘆息をつくというのが現実なのであろう。となればＮＨＫも粋なものだ。

オッペケヒャラリコノーエ

三浦布美子がフランク永井をひっぱって紅組のコーナーに退場したあと、応援団として登場したクレージーキャッツの面々が、小野満とスイング・ビーバーズ、有馬徹とノーチェ・クバーナの指揮をして笑わせた。

この指揮をみて僕は山本直純《なおずみ》と小澤征爾のことを思い出していた。

大きいことはいいことだ

昭和四十三年、十二月二十三日、この年に「大きいことはいいことだ」という森永チョコレートのコマーシャルで活躍した山本直純と、入江美樹との結婚が落ちついた小澤征爾の二人が日本武道館で百万人のコンサートを開いた。ここでは完全に二人の指揮者がスターであった。

ペルリの黒船に乗ってきた軍楽隊に驚いてから日本に洋楽の歴史が始まり、洋楽イコール軍楽という時代もあったが、とに角、指揮者がスターになり、クラシック音楽がそれだけ身になった意味は大きい。

さかのぼれば十六世紀のキリスト教布教の時代に讃美歌という形で初めて洋楽が演奏されたではあろうが、明治の洋楽をジャンルでわけると、軍楽隊、市中音楽隊（ジンタ）、学校唱歌、オペラ、交響曲となって、ジャズは昭和に入ってからである。

軍楽隊は幕末の軍隊の近代化にともなって生れた。一八五三年、嘉永六年――ペルリが浦賀に来た時に軍楽隊も上陸している。幕府はもとより、薩摩や長州といった雄藩も軍楽隊の育成につとめた。

武士（兵隊）が楽器を持つということが納得出来なくて希望者が少なかったことが記録にある。笛（ピッコロ）や太鼓を持ったとしても五音階の違い、アウフタクトのリズムに苦しみ、マーチと馬鹿ばやしが一緒になった奇妙な行進曲が生れた。オッペケヒャラリコノーエ、というのは当時の軍楽隊の練習風景を音でとらえたものである。

今東光《こんとうこう》の初期の作品「ヤッパンマルス」は初期の軍楽隊が、マーチを吹けるようになるまでを書いている。「ヤッパンマルス」は「ジャパン・マーチ」つまり、日本行進曲である。

こうして軍楽隊は維新の官軍の先頭に立ち、あるいは西南の役（明治十年）で活躍し、日本人の耳になじんでいった。

市中音楽隊とジンタ

明治十六年、鹿鳴館が出来るとダンスの伴奏という形で初めて軍楽隊以外の室内楽としての演奏グループが生れる。

明治二十一年、市中音楽隊が軍楽隊の退役者を中心に作られた。これは「やとわれ音楽隊」ともいえるもので廣日屋《ひろめや》のパレードから、園遊会の伴奏、なんでも引き受けて出かけた。

市内での演奏に救世軍が加わったのは明治二十八年。

このジンタと救世軍、そして薬の行商、オイッチニのオジサンのアコーデオン、後に現われる艶歌師のヴァイオリンなど演奏の質はひどかろうが、洋楽を大衆的にしていった点は高く評価されなくてはなるまい。

明治二十三年、この年に発行された音楽雑誌にこんな記事がある。

「陸海軍には勇壮活発なる軍楽の備あり、音楽学校には高尚なる管弦楽、優美なる声楽ありて、よくその生徒を薫陶し、常に鸞鳳《らんほう》の音を絶たず、式部寮には雅楽所の吹奏管楽の両楽ありて宮中に嚠喨《りゅうりょう》たり、華族女学校には洋琴、ヴィオリンの妙音細やかにして嬋娟《せんけん》たる令嬢の鶯歌《おうか》に和せられ、大学、学習院には開豁《かいかつ》なる原語の歌、清爽にして緑々たる宏園に聞こゆ」

これだけ読んでいるとまるでウィーンの町の様だが、実際には義太夫全盛の時代で、音楽会をやってもまるで人が集まらないのが実情だったのである。

洋楽が最初に僕達のものになったのはジンタであり、浅草オペラ、つまり大正時代に入ってからだ。

ジンタは明治三十年前後にはどこの町にもあるようになり、無声映画の伴奏という仕事も増えていった。

明治三十四年、二十二歳の滝廉太郎が「荒城の月」を作っている。

明治三十八年、日比谷公園音楽堂が出来て、尾崎行雄市長が演説した。

「品性修養に資する音楽を普及する為、淫靡の曲に代わるに崇高の曲、柔弱軽浮の調に代わるに勇壮活発なる曲……」

明治四十二年三越少年音楽隊が出来て田谷《たや》力三《りきぞう》、柳田貞一といった少年がトランペットやクラリネットに頰をふくらませていた。この少年音楽隊はこの後、流行して大阪のデパートでも客寄せに募集、いづも屋というなぎ屋までが、少年音楽隊をつくり、服部良一はここの出身である。この少年音楽隊に対する少女音楽隊というイメージが宝塚歌劇の発想である。

かくして洋楽はスポンサーつきとなり、山田耕筰も大倉喜八郎をスポンサーに交響曲運動を始めるが、これは資金がつづかず失敗、その後も日本のオーケストラは民間会社の支援を得ながら細々と活動を続ける。

上野の権威主義

明治四十四年に出来た帝国劇場で本格的なオペラ運動が始まった。

三浦環は帝国劇場で歌舞伎俳優と同じ舞台を踏み、「上野出身が河原乞食と！」となじられ、淡谷のり子も浅草の舞台で歌った為に除名処分を受けた。音楽の現場とは関係なく東京音楽学校はすでに官学としての権威主義をふりまわしていたのである。こうこの上野音楽学校はクラシック音楽を必要以上に高貴なものにしてしまった。

して日本の洋楽は現在にいたるまで官僚主義に毒されている。

僕はパリのオペラ座で、アイスクリームをなめながら「椿姫」をみた。場内に売り子がいて菓子を食べながらみる雰囲気なのである。モスクワのコンツェルト・エストラーダではオイストラフもサーカスの芸人も一緒である。カーネギーホールだって誰だって歌えるのである。昭和十三年にリリー・ポンスがカーネギーホールで「酒は涙か嘆息か」を歌ったが、そのオリジナルを歌った藤山一郎は学校にばれないように名前を変えた。なんともナンセンスな歴史を残してきたものだ。

つまり、洋楽は崇高、又は勇壮活発でないといけないわけで、楽しむものではない、気軽なものではないというわけである。

ジンタが街の洋楽としてすっかり親しまれたところで、明治四十一年、当時盛んになった社会主義運動を圧迫する為にあらゆる集会と行進が危険視され、その為に行進・集会がお得意先だったジンタまでが巻きぞえをくってしまう。

ジャズバンド誕生

時代が前に戻るが大正十三年に大阪でジャズバンドが生れている。

アメリカのレコードを聞いてなんとかそのまま演奏してみようという努力を重ねた人達に服部良一や中沢寿士《ひさし》がいる。

カフェーの流行と共に昭和初期にはデキシーを中心としたジャズが流行するがやがて敵性音楽として禁止される。その禁止される直前に長谷川如是閑《にょぜかん》がジャズはアメリカの音楽として演奏するな、アフリカの音楽として演奏しろと発言している。今、ソビエトで流行しているジャズは長谷川風の解釈である。奴隷と売春婦の歌をギャングが育てたのがジャズである。社会主義に向くわけがない。

ジャズも、又、日本の芸能と同じ這いあがってきた芸能なのである。南里文雄《なんりふみお》は日本人がジャズを演奏する時、そのことを意識すれば、黒人と同化出来るといっているが正しいと思う。

アメリカの音楽ではジャズでもクラシックでもないが、日本ではフォスターの曲なら誰でも知っている。しかしアメリカから来た有名な歌手で、フォスターを知らない歌手がいた。つまり、アメリカでは大作曲家でもなんでもないのだが、日本では大作曲家なのである。かつて、中国のポピュラー音楽である雅楽を宮廷音楽としてしまったように、外来文化はその受けとり方に問題がある。日本の能や文楽が日本よりも外国で高く評価されるのと同じで、ひとつの芸能が地域によって異なる評価を受けるのは避けられないことなのだろうが、それがゆがめられて伝えられている場合は訂正されるべきだ。

大正初期のオペラ運動が失敗に終り、その残党が浅草に集まって六年から震災まで浅草オペラの名を轟かせるが、今日になってみると日本はオペラ不毛の地と思わざるを得ない（音楽劇の項で触れる）。国家がしてくれたことは税金をかけたことだけだと怒る藤原義江の気持もわかるが、ヨーロッパやアメリカで国家の保護を受けて成り立っているということは、すでに今日の娯楽ではないということでもある。アメリカ人が浄瑠璃をやったからといって、アメリカ政府はそれを保護するだろうか。

音楽を感じる、楽しむ

さて、今日、日本では労音、音協、民音とよばれる巨大な音楽鑑賞団体がある。良い音楽を安くという目的で出来たのだが、楽しくという要素はまだ足りない。
「日本人は音楽を理解しようとするが、音楽は感じるものであって、理解するものではない」とアメリカのジャズマンがいっていた。

バレエのパヴロワも同じことをいっている。

「なぜ、私のバレエを理解しようとするのだろう、私は理解なんかされたくない」

こういう言葉があるのに、演奏会における司会者は理解させようとつとめる。これでは音楽が楽しめるわけがない。

それでも以前に較べれば交響楽団がジャズを演奏し、グループ・サウンズのエレキギターがベートウベンを聞かせるようになってきた。音楽に区別はない。クラシックの大衆化と、ポピュラーの古典的編曲といった形で音楽を楽しめるようになってきたことは明治百年という実感がある。そういう運動の一方の旗頭に山本直純、小澤征爾がいることは心強い。

紅白歌合戦で、スイング・ビーバーズ、有馬徹とノーチェ・クバーナ、そして原信夫とシャープス&フラッツ、宮間利之とニューハードといった日本の代表的フルバンドが並んでいることもいいことだ。ただ演奏がなくて伴奏ばかりだったことは一寸残念だった。そして指揮をしたクレージーキャッツにも一言いえば、演奏活動をもっとしてほしいものである。

毎度馬鹿馬鹿しいお笑いで

クレージーキャッツが退場すると、同じ渡辺プロの伊東ゆかりが歌う。

〽肩をぬらす　恋のしずく
濡れたままでいいの
このまま歩きたい
きっと身体の中までしみるわ
そしてあなたのあなたの言葉を
忘れないようにしたいの

(「恋のしずく」作詞　安井かずみ)

坂本九と水前寺清子の司会は、このあたりそれぞれ初々しく、テンポもあっていい。ご当地ソングという名の歌が流行したが、鶴岡雅義と東京ロマンチカは「小樽のひとよ」。

〽逢いたい気持がままならぬ
北国の街は　つめたく遠い
粉雪舞い散る　小樽の駅に
あァ　ひとり残して　来たけれど
忘れはしない　愛する人よ

（「小樽のひとよ」作詞 池田充男）

ムード・コーラスを聞くと和田弘とマヒナスターズを思い出すが、声量の無さを、けだるいムードに置きかえた西田佐知子。

〽あの人にあったらそっといってほしいの

サルビアの花が枯れたって
ガラスの窓に頬あてて
女が一人うたってたって
あの人は来ない　あの人は来ない
私がきらいになったから

（「あの人に逢ったら」作詞　岩谷時子）

西田佐知子が歌い終ると満員の客席をかきわけて林家三平が舞台に跳びあがって白組の応援を始めた。

僕は同じように客席から高座にあがって客をアッといわせたという先代の桂春団治をふと思い出した。

化けるということ

初代（二代目ともいう）桂春団治は昭和九年に死んだ。新喜劇で渋谷《しぶや》天外《てんがい》扮する春団治は、その幕切れで「しもたッ、大阪の古い落語は滅茶苦茶にしてやったが、新しい落語をこさえて残しておくのを忘れた」という。

勿論、春団治が初めて古典の形式を破ったわけではない。明治の十年代にその人気の上で四天王といわれた円遊、談志、円太郎、万橋はその話芸よりも珍妙な踊りで売れッ子だった人達である。今の落語家がテレビの珍芸の方で売れているのと同じだが、この頃の若手落語家は珍芸もこなしながら結構古典の勉強もやっているという器用なタイプが増えてきた。三平にしても「いまに古典と取り組みます」と真面目にいうのである。型破りのスケールが小さくなったともいえる。

その落語の世界で不思議というか、楽しいというのは、師匠を師匠とも思わない弟子が平気で弟子でいられることである。昔気質《むかしかたぎ》の林家正蔵のように弟子の柳朝を破門すること数十回、今では長火鉢の抽斗《ひきだし》の中に破門状が束になって入っているというタイプもあるし、柳家小さんが立川談志の師匠批判に対して「どうも変わった奴だね、お前は」で済ませるタイプもある。桂文楽も若手に対して「あいつらは、何をいったって聞きゃしませんから、えエ、そこが面白いッ！」なんて暢気《のんき》なことをいっている。

「お前が俺のいうことを聞かないのは、なまじ目玉があるからだ、目玉が無きゃあ聞くだろう」と焼火箸で目玉を突っついたなんてのが能の世界の芸談にある。同じ伝統芸能でも、その芸の伝承継承がこうも違うのは興味がある。

ヘルメットにゲバ棒の学生について「あァいう学生は化けます。将来が楽しみですな」といった落語家がいたが、この「化けます」が談志や三平に通用するのである。変っているようでなければいい芸人になれないということなので、初夜に女郎買いにいった古今亭志ん生、女郎買いに行って女郎に指一本触れさせなかった小さんなど、みんな化けたくちなのだ。

「この頃は落語家ブームですが、決して落語ブームではない」という言葉もある。

古典落語の将来

昭和四十三年の夏。落語界は師匠連の申し合わせにより、これ以上弟子をとることをやめるようにした。講談の世界が女の弟子でも大切にするのとは正反対の盛況なのである。

ラジオとテレビが真打以前の若手落語家に頼った番組を大量生産した為に、落語家はマスコミスターへの最短コースになったのだ。東京の現状で真打ち五十三人、二ツ目六十七人、前座三十人、前座以前の弟子が六十人と総勢二百人を超える（一九七五年・真打八十八人）が、大阪では三十人というところである。その他、大学の落語研究会で、高座にあがって一席伺う連中もいるのだから落語家人口はたしかに多い。

もっとも『醒睡笑《せいすいしょう》』の著者安楽庵策伝《あんらくあんさくでん》を話芸の祖とした場合、彼のようなお伽衆《とぎしゅう》を秀吉の場合だけでも八百人はかかえていたという。戦国武将の話相手でもあり、情報収集家でもあったお伽衆の流れが街に出ていって辻咄になり、「毎度馬鹿馬鹿しいお笑いでご機嫌を伺います」という姿勢が今に残ってくる。

寄席の世界の高座や前座が仏教の説教用語の名残りでもあるのは、説教の話芸が講談、落語に別れてきたからで、そういう意味で説教を再認識するべきだろう。

さて説いて聞かせる講談と違ってご機嫌を伺う落語は、庶民生活の欲求不満を解消する形で大阪と江戸という街に定着した。流派が生れ、芸の伝承が行なわれ、古典落語とよばれる話芸が完成されながら明治にいたり、三遊亭円朝が登場する。

円朝が死んだのが明治三十三年。翌年のレコード吹き込みには間にあわなかったが、明治十七年以降の速記録が残った、文字通り話の記録であって芸の記録にはならなかった。この速記録は自然主義文学に影響を与えたが、現存の落語家でその芸を受けついでいるといえる人はいない。その辺が歌舞伎と違うところで、落語という芸は常に独立した自由な形で伝承され、継承されてきている。その心意気だけが守られ、大切に伝えられていけばそれでいいという精神なのである。従って、歌舞伎のように妙なあせりが無い。伝えられるものは伝わるさという諦めともいえるし、自信ともいえるものが落語界にただよっている。林家三平が帽子をかぶり、鞄を持ったまま、紅白歌合戦の舞台に飛びあがっても、落語の世界はびくともしないのであり、三平も又、その落語の伝統を大切にしている一人なのである。

最近、印象深かったのは月《つき》の家《や》円鏡《えんきょう》がアタフタと高座に駈けあがり、座布団の上にペタンと坐ると息をととのえ「一寸休ませて下さい、売れてるもんだから忙しくて」といったことである。落語家が高座に坐って「休ませて下さい」ということのおかしさは例えようがないが、この円鏡も古典を意識している一人だ。上方落語にも、仁鶴《にかく》、枝鶴《しかく》を筆頭にこうした若手が何人かいる。

古典芸能の伝承とテレビというマスコミを両てんびんにかけるには、この落語界の神経が最もあっているような気もする。

話芸家いろいろ

白組は水原弘、司会の坂本九は彼のバンドボーイだったこともある。四十二年「君こそわが命」で人気をとりもどした点、四十三年の佐川満男に通じる。

〽もしもお前が貝になったら
俺は渚の波になろ
砂に埋もれたお前をみつけて
月の光をあててやろう
二人の愛よいつまでも
あァ　いつまでも

（「愛の渚」作詞 浜口庫之助）

紅組は九重佑三子、司会の水前寺清子に「私がついているから大丈夫よ」と失言といっていい励まし方をして、この日、たった一人英語の歌詞で歌いだした。

I had the last waltz with you
Two lonely people together…

「歌は語れ　セリフは歌え」古川ロッパの言葉を引用して坂本九は菅原洋一の語りを讃える。

〽匂う花よ　マダム
その姿は私の心を夢にさそう
流れる調べは軽いタンゴ

心酔わす踊りのリズムよ
踊りましょうマダム　お手をどうぞ
（「奥様お手をどうぞ」訳詞 野上彰）

只今二十一人

白組応援団として前田武彦が登場し、いかに男性がすぐれているかという演説をする。これにコント55号がからむと、これはフジテレビのお昼のゴールデン・ショウのトリオで、いうなれば民放の売れッ子。そういうことを気にしなくなったNHK、同じく気にしない出演者ということになる。

さて前田武彦は毒舌が冴えるということだが、つまりテレビ向き、家庭向き毒舌という意味であろう。

彼以外にもテレビは大橋巨泉、淀川長治、青島幸男、野末陳平、田村魚菜《ぎょさい》、白石浩一、奈良《なら》林《ばやし》祥《やすし》、といったテレビ話術の巧者を育てた。この人達の話芸は修業の結果のものではない、それぞれ専門の仕事を別にもっている新しいタイプの話術家なのである。

こういう人達はますます増えていくに違いないが、話術家でありながら時代にのりおくれている人達もいる。

昭和四十三年、一龍斎貞鳳が、講談の衰微を嘆いて『講釈師ただいま24人』という本を出版し、その出版記念会があって、あらためて数えたら二十一人になっていたという。

明治十九年、松林伯円が御前講演、これは歌舞伎の天覧より一年も早かったが、以後、忠君愛国をテーマにして庶民に対して一段上から語りかける姿勢がつづく。投げ銭を貰った辻講釈時代の面白さをみずから捨ててしまったわけである。

大正二年。大日本雄弁会講談社が発行していた「講談倶楽部」に浪花節の速記録が掲載された。河原乞食の芸と一緒にされてたまるかと講談の速記者や講釈師が講談社に抗議を申込んだところ、逆に「それでは結構です」と浪花節の方を認めている返事。この時点では、浪花節を差別しようとした講釈師達の思いあがりにストレート・パンチが決まった形になったが、「講談倶楽部」としては講談の原稿が入らないことになった。

そして、ここに大衆作家が登場し、見事にピンチヒッターの役割を果し、立川文庫も出版され大衆小説の路線も確立する。講談師による立川文庫も出版され、長谷川伸《しん》や子母沢寛《しもざわかん》が活躍する頃には劇化、映画化もあいつぎ、本家の講談は見捨てられてしまうことになる。こうなると張り扇一本の語りの芸は仲間はずれにされた子供みたいに元気を失い、戦後は残されたたった一軒の釈場本牧亭に立てこもって、昭和四十三年の九月には宝井馬琴を大将に総勢二十一人ということになってしまった。

僕が生れて初めて講談を聞いたのは神田伯龍である。この人右手が不自由だ。その不自由な右手のかばい方が、子供心にカッコよかったのを憶えている。

次に早稲田中学に通い始めた戦後、早稲田大学の演劇博物館の脇の通用口に出ていた片足の不自由な靴屋サン。今の伊藤痴遊《ちゆう》である。この人の話を聞く為に本牧亭に通った。

そして「お笑い三人組」以前の一龍斎貞鳳、小金馬（のち三遊亭金馬）、江戸家猫八は「Ｔ・Ａ・Ｇ」というグループをつくっていた。「ツモロー、アァティスト、ゴーイング」というのだから勇ましい。この勇ましい三人組の脚本を僕が書いた。

伯龍、痴遊、貞鳳とつづき、晩年の松鯉、貞吉、南鶴の話も聞けたし、貞丈の最後の高座も聞いた。服部伸にも通っている。

こうして、今にも消えいりそうな講談の芸をみとどけようとするのは、「話芸」に対する興味からである。

説教と話芸

『説教と話芸』（関山和夫）には、講談の話芸も仏教の曼陀羅絵解きから来ていることが明確に説明されている。高座、前座が寄席用語ではなくて説教用語であることからでもわかるが、僕の生家は浄土真宗の寺とあって、説教は子供の時から聞いている次第。

講談と説教はその技術が見事にダブルのである。今東光、寺内大吉、薬師寺の高田好胤など僧又は僧侶出身の人達の話芸には、このダブル・イメージが生きている。衆愚に対する説得という形で完成された話芸なのである。これではその内容が現代に受けとめられるわけがない。本牧亭の昼席で老人達が、こうすれば出世をするという話を聞いている時のしらじらしさは、背筋が寒くなる。そこにあるのは修業の果ての話芸の形骸だけである。その古めかしさに「いいな」と思っても、「うまい」と思える感動が無いのだ。

法隆寺なら古ければそれでいいのだが、生きている芸となるとそうはいかない。講釈師側にある「どうもひどい世の中だ」という諦めが感じられて仕様がないのである。みている僕にも、誰も来ない本牧亭に来ているという優越感がある。恥ずかしい話だと思う。

いわせて貰うなら講談は、師匠と呼ばせず先生と呼ばせたような権威主義の伝統をぬぐい去って出直す絶好のチャンスなのだ。

例えば松林伯円《しょうりんはくえん》「安政三組盃《あんせいみつぐみのさかずき》」。この話の主人公は鈴木藤吉郎という被差別部落民であり、彼は「破戒」の丑松《うしまつ》のように、死んでも素姓をかくせといわれて生きる。伯円は「同じ人間同士を差別する世間は正しくない」といっているのである。今の講談の話芸に足りないものがここにある。体制に密着した過去から反体制の話芸になることで、講談は僕達の芸になることが出来るはずだ。

前田武彦、大橋巨泉、青島幸男といった人達の話芸には、反体制の又は非体制の背骨があるからこそ支持されているのである。

徳川夢声論

話術の神様のようにいわれている人に徳川夢声がいる。しかし彼の場合、ラジオまでの人であって決してテレビに向いてはいない。

夢声の話術と淀川長治の話術を比較すると、あくまで解説と伝達の違い、技術の個性の違いになる。

夢声の豊かな言葉による表現。

淀川の豊かな表情による表現。

夢声の音程のめりはりの強さ。

淀川の音程のなめらかな変化。

夢声の聞かせようとする姿勢。

淀川の聞いて下さいという姿勢。

「私は〝とてもいい〟という気持を伝える時には、気が済むまで〝とてもいい〟といいます」

淀川のこの言葉は夢声話術には無い。

「マリリン・モンロー、よかったですね、よかったですね、本当によかったですね、よかったですね、とてもよかったですね」

これは映像話術とでもいう新しい話芸なのである。

「前田サンは毒舌ですね、悪いですね、とても悪いことを平気でいいますよ、平気で悪いことをいいましたね、でも、いわれた人、傷つきません、笑ってます、笑ってました、まァ本当に毒舌です、紅白歌合戦の前田サン、毒舌でしたね、でも面白かった、とてもとても、面白かったでしたね」

ここでは表現の技術が感情の積み重ねに終始して、名言を工夫するとか、言いまわしをするとかいったことはまるで無視されている。それが夢声の話芸と全く違うところなのである。

淀川話芸は日常会話の世界だが、過去の話芸は修業により誇張され、省略された世界を描く。そこには名人芸とよばれるエピソードが伝わっている。

話術の名人芸

円喬《えんきょう》が雨の降る様子を話しただけで、観客が思わず肩をすぼめて上をみたという。

典山《てんざん》が修羅場を読むと、話の間にスパッ！　ザクッ！　と人の斬れる音が聞こえてきたという。

円朝の怪談では超満員の席が半分ほどにすいてしまうという。客が怖いので身体をすり寄せるからだそうだ。同じく「天井からポタリと血が……」といったら、みんな自分のいる場所からのけぞって血をよけたという。それぞれきたえられた話芸には違いない。

『説教と話芸』では、室町時代以降の説教僧によって聴衆が極楽浄土に遊ぶという例が沢山書いてある。

説教に関しては僕も仏門の身だから子供の時の事をおぼえている。彼岸などに本願寺で法話があると、劇場や寄席へでも行くように俗にいう善男善女がつめかけ、説教僧の話を念仏をとなえながら、あるいは笑い、あるいは泣いて、それこそ、充分に楽しんで帰ってゆくのである。あまりの有難さに説教僧にさい銭を投げたり、グループ・サウンズのファンのようにその衣裳にさわって涙を流す人までいるのだ。信仰という環境の中の話には違いないが、聴衆を自由にひきずり、酔わせ、念仏まで唱えさせてしまう技術はやはり芸である。

淀川話芸とこうした古典話芸を較べる時、好き嫌いは別にして、話し手の私生活や体質、生理状態まで感じさせ、あらゆる話題を自身の感じるままに、思いつくままに、先着順といったような言葉で語りかける。つまり、淀川長治が食べたものが彼の身体を通って出てくるような感じがするのである。

講釈師が二十人そこそこという現実の前で、彼等がテレビの話芸家をどう考えているか、聞きたいものである。

未来という名のショウ

前田武彦とコント55号がさりげなくフジテレビの番組をPRして退場すると、中尾ミエの「恋のシャロック」。

〽ハニハニ　あなたが教えたハニハニ　恋するよろこび
あァ　はじめてなのよ
ハニハニ　あなたのせいなのハニハニ　恋する苦しみ
あァ　はじめてなのよ
そっぽを向いてもハニー　すげなくされてもハニー
何もいわずにハニー　みつめていたいのハニー
（「恋のシャロック」作詞 松原智津子／補作詞 安井かずみ）

白組はダークダックス。

坂本九がソンブレロをかぶってスペイン語で司会、「ラ・ゴロンドリーナ」

〽南の国へ飛んでいくのか
燕《つばめ》よ　なぜ急ぐ　そんなに
小さな胸をはって
迷わず　海を越えて
（「ラ・ゴロンドリーナ」作詞 青木富美子／補作 サトウ・ハチロー）

テレビ宇宙中継

「ラ・ゴロンドリーナ」。この歌はメキシコ・オリンピックの閉会式の時に別れの歌として歌われた。ビバ・メヒコ！　というかけ声と共に忘れられないメロディのひとつだ。僕はメキシコからの宇宙中継は開会式から閉会式にいたるまで見逃さなかった。

初めての宇宙中継は昭和三十八年。ダラスでのケネディ暗殺が第一報になった。そして昭和四十三年十二月二十四日、クリスマス・イヴに宇宙船アポロ8号による月面の宇宙中継が日本の茶の間に写し出された。それはささやかなケーキを囲んだ天下太平のマイ・ホーム主義クリスマスをどんなに新鮮かつ感動的なものにしたことか。「素晴しい時代に生れあわせましたなァ」と嘆息をついたのが徳川夢声。しかし、我家の子供達は「へェ、これが月なの」と横目でチラリと一瞥《いちべつ》をくれただけである。僕にはその娘の冷淡な態度がとても不思議だったが、彼女達にしてみれば大事件でもなんでもないらしい。

　さて、宇宙中継も芸能史の中に含めようとするのは、科学の発達の歴史は一種の見世物としての歴史でもあるからである。そして僕達はそれを楽しんできた。

　僕は宇宙衛星のカプセル、三十六階のビル、石油でつくった肉、ロータリー・エンジンなどを待ち構えてみにいった。新しい道路が出来たといえば、すぐドライヴに出かけた。新しいものをみるということは楽しいことだし、その現場に立ちあえることはもっと素晴しい。

　現場という意味では、昭和四十四年一月十八日・十九日の東大紛争の全学共闘会議と機動隊の対決をテレビ中継でみてから、現場に出かけた。安田講堂、お茶の水駅周辺でガス弾で痛む目を押えながら駆けまわった。野次馬ではあっても、テレビで中継されていた現場にいることの興奮を通して、報道されない事実を沢山知ることが出来た。この場合の野次馬を学生運動というショウの観客と考えると、それなりの感動は与えられている。

僕は、テレビの報道を真実だと思わなかったことに誇りを持ったものである。テレビカメラを僕達の目だと思ってはいけないのだ。その意味で、ブラウン管にうつるものは見世物なのである。

そこに塔があるからのぼるのだ

明治六年、初めて新橋～横浜間を汽車が走った時、沿線の見物人は拍手して汽車を見送ったという。

維新に先立つこと四年の馬関戦争。下関に撃ちこまれた砲弾を四斗樽の中にいれ「南蛮鉄唐人の弾丸」と看板を出して見世物の興行をしたという記録だってある。さかのぼれば、珍しいもの、新しいものの見世物はいくらでもあるのだ。

さて、今日の東京銀座尾張町交叉点、和光の角から京橋に向って三本目の通りを越した左側の角に大倉組のビルがある。このビルの正面玄関前に信号機と電柱にはさまれて使用していない電柱がたっている。この電柱こそ明治十五年に初めて電球がつけられ、毎晩、見物人が押し寄せたという歴史的なものだ。その見物人が押し寄せている状景の錦絵を銅版のレリーフにして、大倉ビルの玄関脇にはめこんである。

又、浅草の大映系封切館だった電気館。この電気館という名前は珍しい電気製品を陳列して入場料をとっていた頃の名残りである。さしずめ建物としては、エレクトロニクス・サイケデリック・クラブの元祖ということになろう。

建物でいえば人間の歴史はエジプトのピラミッド、日本でいえば東大寺というような巨大な建物を建ててきた。そして、より高くという塔も又建てつづけられている。日本中アチコチにナントカ・タワーというものが出来ているが、パリのエッフェル塔、ニューヨークのエンパイアステートビルほどでないにしても、東京浅草の十二階、大阪の通天閣ほど日本人に親しまれた塔は無い。明治以前の高層建築、寺院の五重塔や、城の天守閣は全く庶民とは関係のない存在で、楽しむどころか、重圧を与える権威のシンボルでもあった。豪壮な七堂《しちどう》伽藍《がらん》、そして城郭をみるにつけ僕達の祖先は自分の無力さを悟るだけであったに違いない。その高殿が自分達のものとして楽しめるようになったのである。

明治二十二年、まず大阪北新地に凌雲閣《りょううんかく》が建てられ、翌二十三年、浅草にも同名の建物が建てられた。これが十二階である。浅草の場合、銀座通りをつくった煉瓦の余りで建てられた。この時の煉瓦が現存しているのが東京半蔵門の英国大使館前一帯である。

大阪の凌雲閣は北の大火（明治四十二年）で焼け、十二階は大正十二年の震災でポッキリと折れてしまっている。

大阪に通天閣が建ったのは明治四十四年、この方は太平洋戦争中に解体されて軍に寄付されてしまったが、戦後、再建された。

もっと高いところへという欲望が人間を空にのぼらせた。

明治二十三年、英国人スペンサーが気球に乗って東京上空を飛んでみせ、これは五代目菊五郎が歌舞伎にまでしたてた。彼がスペンサーに扮して舞台から宙吊りで天井に消えた時、桟敷でみていた小山内薫《おさないかおる》少年はビックリしてドビンをひっくり返したとある。

日本で初めて飛行機が飛んだのは、明治四十三年。徳川大尉の着陸第一声は「耳がつめたかった」である。飛行機の場合は誰もが乗れるというものではなかったが、逆に何万人という人が同時に宙返りや、急降下に拍手を贈った。

入場料をとって飛行機の曲乗りをみせたショウもあったが、どこからでもみえるので入場料を払う人がなく、まもなくすたってしまった。今日、巨大なジェット機の発着する羽田空港が、東京見物の最も人気の高い場所になっている。去年一年で二百八十九万三千九百二十八人の見物人が空港フィンガーで、空へ、外国へ想いをはせているのである。

未来という劇場

僕個人の思い出でいえば、紀元二六〇〇年記念の花電車のことをありありとおぼえている。そして戦車や大砲の行進は陸軍記念日でもあったのだろうか、その時の図画が学校の展覧会で金賞になったのもおぼえている。あとは今の子供が自動車を覚えるように軍用機の形を覚え、飛んでくる音で名前の当てっこをしたりした。そして、戦争、空襲もショウには違いなかった。

疎開先の信州小諸《こもろ》からみえたのだが、東京の燃える火が夜空をこがしていた美しさは忘れられない。勿論僕の家も焼けた。

戦後、東京の復興は又楽しいショウだった。野次馬に徹底して楽しみに出かけた。今でも三十六階のビルが出来ればいち早く登って東京タワーとの差を楽しむのである。初めてみる電球に驚いたように、電話に驚き、汽車に驚き、ラジオに驚き、映画に驚き、テレビに驚き、宇宙中継に驚き、コンピューターに驚き、やがてそれに慣れてしまう。そしてやがては驚かない人間が育ち、逆に過去をふりむいてビックリギョーテンするような時代もくることであろう。

こうして僕達は次々と驚くべき未来に案内される。

「未来」はショウとして楽しむことは出来ても、そこに生きることは出来ない世界だ。

とに角、科学が僕達を「未来」という巨大な劇場に招待してくれたことだけは確かである。

何が何して何とやら

島倉千代子が浜口庫之助の歌を歌った。

〽この世に神様が本当にいるなら
あなたに抱かれて　私は死にたい
あァ湖に　小舟がただひとつ
やさしく　やさしく　くちづけしてね
くり返す　くり返す　さざ波のように

（「愛のさざ波」作詞　なかにし礼）

舞台中央でハナ肇が太鼓を叩き、ニッコリ登場するのは三波春夫。東京オリンピックの五輪音頭につづいて、万博の成功を祈って歌うという、「世界平和音頭」。

〽ハァ世界はひとつよ　地球は丸い
丸い心で両手をつなぐ
つなぐその手に花が咲き
夢も咲きます　チョイト　なごやかな
ラララ………ランランラン
夢も咲きます　なごやかな

（「世界平和音頭」作詞　北村桃児）

会場の手拍手も揃って熱がこもる。その歌い方のスケールが白組中随一であることは疑いない。

南篠文若と酒井雲坊

三波春夫、大正十二年新潟生れ、小学校を卒業して小僧をしながら浪曲修業、南篠文若《ふみわか》と名乗る。戦後、ソ連抑留生活三年。その間に民族意識に目覚める。清和天皇の流れを汲むという国粋主義者だが、一度はマルクス・レーニンを学んでの上だから、ただの保守派芸人とはわけが違う。

紅白歌合戦で浪曲出身というのはもう一人村田英雄がいて、浪曲時代は酒井雲坊《うんぼう》と名乗っていた。二人ともある時期で浪曲に見切りをつけて歌謡曲に転向したが、村田に較べると三波の方が浪曲の体臭が強い。それは彼が、桃中軒《とうちゅうけん》雲《くも》右《え》衛門《もん》を演じ、忠君愛国にかわる民族歌手、大衆芸能家を看板に、大上段に構えてニッコリ笑ってみせるその教祖的な雰囲気にもよるが、意識的に浪曲に語り口をとりいれた歌が多いことでもわかる。

語りものの系譜

その浪曲は「何が　何して　何とやら」という物語を語ることであり、そのメロディは「訴える」ということを基調にしている。従って浪曲ほど言訳の多い芸はない。やれ悪声だの、青二才だの、未熟者だのと言訳をして、聞いて下さった御恩は死ぬまで忘れませんというようなことまでいう。

その歴史をさかのぼってみよう。

古事記の語り部。平家物語の琵琶法師。曼陀羅絵説き。それぞれ、節づけをされて語られてきた。その日本古来の語りものが、歴史の中で謡曲になり浄瑠璃になり、義太夫になり、邦楽の流れをつくり、それが細分化されて宮薗節とか、荻江節という名称もつけられる。さらに仏教の経の読み方も影響してゆくのだが、浪曲の場合は、語りものの大道芸という形で受けとめられ、語りつづけられた。

門付芸人、祭文語り、法界屋とよばれた人達が、時には錫杖《しゃくじょう》を鳴らし、法螺貝《ほらがい》を吹いて語り、「でろれん祭文」とか「ちょんがれ」又は「糸入講談浮連節《うかれぶし》」とよばれているうちに、明治中期「浪花節」という言葉が出てくる。

今日、浪曲の言葉の無茶な点が、歌謡曲の作詞にそのままつながっているわけだが、その浪曲の文学的な価値の低さはそれなりの背景があるわけである。つまり、字で書かれたものでなく、字の読める人達のものでもなかったからだ。しかし、言葉の程度が低いから、浪曲が低いということにはならない。

その語り口の明快さ、感情移入の荒々しさ、節まわしの複雑さを考えると日本の三味線音楽の最後のトリデのような気さえする。浪曲を無視しては、将来の日本の音楽は成りたたないとさえ思う。

明治初期、三味線にのせた講談という形式で浪花節が生れ、明治三十一年、吉川小繁が桃中軒雲右衛門を名乗ることによって浪曲時代のキッカケになる。

桃中軒というのは東海道線沼津駅前に同名の立派なビルが建っているが、かつて沼津で腹をへらした旅芸人の小繁がその名前を借りたのである。彼は紋つき袴に身を正し、作者による作品を彼一流の芸で消化して、新しい観客をつかんでゆく。その時に彼に作品を提供したのが、九州の頭山満《とうやまみつる》系の壮士達であり、当然、忠君愛国、武士道礼讃に傾いていった。このことが日本の浪曲史に良い意味でも、悪い意味でも問題を残してゆく。

雲右衛門と正反対の芸風が二代目吉田奈良丸。彼の方は義理人情をデリケイトに節づけしている。奈良丸くずしが一世を風靡したようには雲右衛門は親しまれていない。雲右衛門はその姿勢、迫力で圧倒するタイプだったといってよい。

雲右衛門が浪曲師の社会的位置をあげる。奈良丸がその内容を豊かにするといった形で、二人は対立していたが、浪曲そのものを認めさせた上での功労者ではある。

しかしながら初期の浪曲に対する偏見のひどさは乞食節といわれるぐらいではすまない。「うきよ」という大正時代の雑誌には、浪曲語りの前身のスッパ抜きが載っていて、その前歴だけ書くと、「巾着切り、車夫、祭文の伜《せがれ》、芸者、縁日のろくろ首、××・△△・○○の三夫を経て□□の女房、隠亡焼《おんぼうやき》、畑の番人……」といった具合に並べてある。さらに侠客と浪曲のつきあいとなると、これは公認といった形である。

旅芸人と侠客と

雲右衛門、奈良丸の対立も、博徒同士の対立になっているし、梅中軒鶯童《ばいちゅうけんおうどう》の「浪曲旅芸人」（NHK・TV「流れ雲」原作）にもその密接な交流ぶりが出てくる。広沢虎造の興行権で斬りあいがあり、神戸山口組の二代目が殺され、その三代目をついだ親分が美空ひばりの興行権を持っていたのは御存知の通り。浪曲界と暴力団の関係が特に強いようにいわれるのは浪曲が旅の芸人、漂泊の芸として育ってきたことに第一の理由がある。祭文語り、門付芸人を一宿一飯の義理で世話をしてくれたのは侠客という名の興行師なのである。次郎長の家に世話になっている間に喧嘩を手伝ったという芸人もいるのだ。

芸者と役者が持ちつ持たれつであったのと同様、旅の芸人と侠客は持ちつ持たれつで縁の切りようはないのである。そして多くの博徒は神（神農）を尊び、それは神国としての日本の国体を護持することに通じ、一方、浪曲は昭和に入ると武士道鼓吹、忠君愛国で軍部に積極的な協力態勢をとるから、そこでも右翼という名の侠客とつながった。戦争中は「戦いの歌」とまでいわれたが、そうした過去が今日の不人気を招いているといえる。

浪花節精神の歌謡曲

しかし、姿を変えた浪花節と、浪花節精神は今でも大衆芸能の主流であり、日本人の心情を支えているのだ。それほどに古風な背景の浪曲なのだが、レコードとの関係は一番早い。

日本で円盤レコードを最初に吹きこんだのは初代浪花亭愛造《なにわていあいぞう》、明治三十四年である。

それ以後、雲右衛門、奈良丸を筆頭にレコード界のドル箱として活躍した。僕が実際に聞いているのは寿々木米若《すずきよねわか》、三門博《みかどひろし》、玉川勝太郎、木村重松、春日井梅鶯《ばいおう》、相模太郎が全盛の時代である。相模太郎の三太郎シリーズのように絶妙のテンポと面白さをもってしても時代に追いつけないのは三味線や節が五線紙にのらないからだという。そして、のりやすい部分だけをまとめ、ゆりとこぶしの節まわしはそのままにした歌謡曲は、浪曲のさわりだけを取ってしまった形になっている。

　映画に連鎖劇というのがあったように、浪曲には「節劇《ふしげき》」というのがあった。前進座が広沢虎造と浪曲を劇化して共演したケースもあるし、ＮＨＫ・ＴＶが「浪曲ドラマ」を放送したこともあった。今日の東映侠客映画に歌が入っていて、さわりの部分で「網走番外地」のような男一匹を歌いあげるのは、そのまま「節劇」のパターンなのである。

地球の上に朝が来る

　昭和四十三年十二月二十七日、歌舞伎座。恒例の豪華顔見世浪曲大会は新鋭の葵わか葉披露公演と若返りの人気回復策を狙ったものである。そのパンフレットに長谷川伸が大正六年に書いた文章が載っていて、「浪花節が向上すると詰らなくなる、これは残念ながら、今のところでは本当らしい。俗談である浪曲節が、高尚になる事は堕落だ。浪花節の生命は平俗なところにある。それが生命だ」とある。大正六年というのは浪花節の隆盛期であり、その時にこれだけいましめているのである。「高尚になることは堕落だ」という言葉は浪曲家以上に、三波、村田に聞いて貰いたい。

　この浪曲を外国人に説明する時に「モリタート」という。「あいくちマック」（マック・ザ・ナイフ）というモリタートがあるが、モリタートというのは「何が何して何とやら」という叙事詩のことである。浪花節は叙事詩であり、それを節をつけて語る正当的な「語りもの」の芸なのだ。ただ育った環境故に傷つき、ひねくれてしまった人間のような弱味を持っている。その悲惨な過去を感じさせない陽性な浪曲が生れてもいいのではないか。かつての川田晴久による「地球の上に朝が来る、その裏側は夜だろう」というあの一節は僕の愛唱歌のひとつなのだが……。

電気活動大写真

三波春夫が歌い終ると客席に宮田輝がいて、審査員席の三船敏郎と藤田弓子の間におさまって「丁度半分ですが、どちらに軍配をあげますか」というインタビュー。三船敏郎が「そうですねェ」と身体をのりだした、それだけで客席から強制されたものではない拍手が沸く。間違いもなく、この映画俳優はこの夜の最大のスターであった。

十八歳未満お断わり

映画スターとはっきりいえるスターは今や少ない。三船敏郎、中村錦之助（のち萬屋錦之介）、石原裕次郎、勝新太郎……。それぞれ独立プロを持って「黒部の太陽」「祇園祭」「燃えつきた地図」などを公開し、昭和四十三年に独立プロブームを起している。これに今村昌平「神々の深き欲望」、岡本喜八「肉弾」、羽仁進「初恋地獄篇」などが続いた。三船の場合は、自分のプロの他にリー・マービンとの共演で「太平洋の地獄」があり、アカデミー賞候補にもなった。

　文字通りの世界のスターである。

　しかし、映画会社でいうと、この年に最も安定して稼いだものに東映やくざ路線がある。そのカッコいいセリフを並べてみると、

「斬りたかねェが、又、斬っちまった」

「あんさんには縁も恨みもおまへんけど、渡世の義理という奴で、お命、いただきます」

「義理と人情を、ハカリにかけりゃ、義理が重たい男の世界」

「サツがやらねェことを俺がやるのさ」

「俺がやらなきゃ、誰がやる」

「おてんと様の下で名のりをあげるほどの男じゃござんせん」

「堅気《かたぎ》の衆に迷惑をかけちゃいけねェ、俺達は人間の屑《くず》なんだ」

「シマも捨てたが、女も捨てた、俺の生命もいま捨てる」

「ウソとオセジの世の中にゃ、いてもいいだろう、こんな馬鹿」

このセリフは声を出して、ドスをきかせて読んでほしい。こうしたセリフを鶴田浩二、高倉健、若山富三郎、そして藤純子がいうと客席から拍手が沸くのである。

この一連の仁俠シリーズと抱きあわせだったのがピンク女優総出演という「大奥」、又は「おんな牢」のシリーズであり、つまるところは血と裸を売った商法ということになる。東映は春休み、夏休みの漫画大会以外は、「十八歳未満お断わり」という極端な映画づくりでテレビに対抗したのである。映画において成人映画というタイトルをつけることは、未成年者には悪影響を与えるということであり、別の言い方をすれば、ブラウン管では絶対にみられない画面を提供することである。これは「映画は女子供がみるべきものではない」という姿勢が制作者側にあることになる。勿論、子供向きの漫画は別にしてのことである。

カツドウ屋一代

ここでやくざ映画と呼ばれるシリーズに関して映画史をさかのぼってみたい。

結論からいうと、やくざ映画には二ツの意味がある。

例えば若松孝二監督はみずからのやくざ精神を認めているが、日本の映画史にも脈々とやくざの血が流れていることを僕達は認めなければならない。

日本映画の父といわれるマキノ省三を祖父に持つ長《なが》門《と》裕之《ひろゆき》が、彼の人間プロで製作した省三伝「カツドウ屋一代」がある。この省三の青春時代をやくざとしてとらえようとした脚本にマキノ顕彰会のクレームがつき、その時点で、このテレビ映画は失敗したのである。

映画（活動写真）という、海のものとも山のものともわからない仕事に、明治二十年代の企業家が飛びつくわけがない。日本の娯楽の開拓者は常に仁俠道に生きた人達なのである。興行師の世界は仁俠の世界だということを認めることは、決して映画を傷つけることではない。活動は興行師の手で育てられ、その初期には芸人にさえも差別されてきたのである。「テレビになんか出ない」と見得をきった映画スターが、結局、テレビの前にひざまずいたのと同じように、活動に出る芸人は差別に耐えながら河原乞食を意識せざるを得なかったという。河原乞食と呼ばれた歌舞伎役者ですら、当時は活動役者を「土の上の芸人」つまり、大道芸人として軽蔑し、活動に出る役者を「活動まで、落ちよったか」という表現で評した。

米仏国奇抜写真

明治二十九年、活動写真が神戸で初公開された翌年の明治三十年、東京歌舞伎座で公開されているが、その時のポスターに、

「米仏国斬新奇抜新写真、賜、皇太子殿下天覧、活動大写真、余興大声発音機、世界無類率先」という字が並び、主催者は「廣目屋本店」と書いてある。

明治四十年、国産映画製作。そして明治四十二年、尾上松之助が登場することで映画スター第一号が生れ、映画は安全な企業としてスタートする。

一方、この映画の出現によって亡びざるを得なかったのが「写し絵」であり「幻灯」であった。「江戸錦影絵」は関東で小林次治郎、結城孫三郎一座が技術を持っているだけになったが、世界に誇ることの出来る「天然色アニメーション」なのである。百六十四年前に使われたという映写機が残っていて、灯油の光源でスクリーンに写る絵を動かすのだから驚く。この写し絵は寄席でも人気があった。写し絵以前、指影絵も含めて、スクリーンの歴史は映画以前からあったということなのである。

江戸錦影絵

障子の蔭の指影絵は子供の頃の思い出にあるだろうが、桂南天老のそれは「犬」や「狐」の横顔だけでなく、「松の枯枝にとまる鷹が、羽虫を喰べるところでござい」などという複雑な動きまでみせてくれた。

関西でいう「うつし絵」、関東でいう「錦影絵」はまず和紙のスクリーンを張る。その大きさは縦一間（一・八メートル）横二間（三・六メートル）、つまりシネマスコープ型の画面になる。このスクリーンの後に映写器にあたるフロが十台ほど並び、それぞれに種板、フィルムにあたるものがセットされる。この種板はガラスに特殊絵具で描いたもので漫画映画のセルにあたり、例えば、花が少しずつ開いてゆく、その段階を描いておくとする。これを画面の一定の場所に向けて、つぎつぎに重ねて写してゆくと、つぼみから花が咲くまでがみられるわけである。この原理で数人がフロをあしらうと「道成寺」を踊るぐらいは簡単なのであり、これが世界初のアニメーションとして外国では高く評価されているわけだ。

その後、写真の種板をつかった幻灯に人気が集まり、やがて光源が電気になるのである。

つまり、スクリーン芸能を世界で最初に楽しんだのは日本人なのであった。こうして活動写真の時代になる。

活弁の誕生

もう一度、映画の歴史に話を戻して、明治三十年代の映画は、その短さもあいまって、「口上使い」を必要とした。写したらアッというまに終ってしまうのだから、その前に長々と長広舌をふるって時間稼ぎをしなければならない。こうして世界に例がない「活動弁士」、略して「活弁」が生れる。

明治三十二年、東京歌舞伎座の例でいうと、弁士に起用されたのが廣目屋の越前屋六兵衛。彼はフロック・コートに山高帽で舞台に立つが、その前説を山野一郎の『人情映画ばか』から引用しておく。

「紳士ならびに淑女諸君、本日は天気晴朗にして波高きおりから、遠路はるばる、おいといもなく、ようこそのご来場、ここに身不肖ながら越前屋六兵衛、興行主ならびに従業員どもになり代り、厚く御礼申しあげる次第であります。さて、今回、ご清覧に供しまする活動大写真は、大統領を知らねばとて、エジソン知らぬは男の恥と、かの青い眼の子供にまで歌われる、エジソン発明の大原理に、さらなる改良を加えし特等品、原名をば名付けてバイタスコープという。それ発明王エジソンは、新聞売子より身を起し、世の荒波をかいくぐり、苦学力行、ついに世界の発明王とはうたわる、近世立志伝中の怪物。波瀾万丈の苦心談は、みなこれ、聞くも涙、語るも涙のものがたり、それは又のお話として、まず最初は、金魚は泳ぐと題する一巻。諸君驚くなかれ、生きた金魚が水中をば、生きて泳ぐという、世にも珍しい大実写。決死冒険水中撮影、欧州はスイッツル製、四面透明のガラスの箱に、技師と機械をそっといれ、水底ふかくこれを沈没、そのまま密閉したでは息がつづかぬ、日数に六十日、二カ月、雨の日も風の日も、上の船から人工的に長いゴム管を通して空気を送る、苦心のほどやいかばかり、費用甚大、二十銭五十銭の木戸銭とはわけが違う、あァ犠牲者はいでざるか、ご安堵あれよ満場の諸君、そこがそれ、名にしおう米国理学士、トーマス・エジソン……」

　なんとも目茶苦茶だが、そのスケールの大きさに感動してさらに引用をつづける。画面は金魚鉢の金魚である。

「それみたか諸君、いまや画面の中央にあらわれたる腹のふくるる金魚。これ誰ありましょう、金魚のおかあさん。次に腹のへこんだ金魚が、金魚のお父さんであります。あとからチョロチョロ泳ぐのは金魚の伜でありましょう。一家団欒は水中実況電気作用、文明開化のありがたや」

こうして見世物の段階で生れた活弁という職業は、その後の映画の発達で長篇が生れ、「字幕」が入るようになっても映画とは別な形で人気を集め、トーキー時代に入ってゆくのである。

徳川夢声が前口上をやめたことは前にも書いたが、活弁の人気が映画の入りを左右するようになって昭和四年、トーキー映画輸入。昭和六年、国産トーキー完成。この「マダムと女房」は今でもフィルム・ライブラリーでみられるが、初期のラジオ・ドラマのように音という音をかきあつめているのが面白い。

そして、昭和七年になると活弁の失業問題からストライキがあいつぎ、東大の安田講堂ではないが弁士や楽士が籠城して、放水で警察と戦ったりした。浅草で弁士のストライキのリーダーだったのが須田貞明、浅草大勝館でがんばったが後に心中で死んだ。黒澤明の実兄である。

こうして大正十二年以後、浅草オペラが亡びたように、昭和八年、活動弁士と楽士は失業してしまう。スターの中にもトーキーに向かない人達、なまりがあったり、悪声だった人は没落していった。

一時は芸能界に君臨した活弁の時代はあっけなく終ってしまい、それぞれが生きる道を探して、劇団に、漫談に、放送に散っていった。

現ピンク映画の大御所大蔵貢も当時の売れッ子弁士の一人だが、そのまま活弁にしがみつき、いまでも「なつかしの無声映画」を生活の糧にしている人もいる。科学の発達が新しいタイプの芸人を生み、その同じ科学に亡ぼされてしまうのだから皮肉である。

チャップリンが暫くの間、トーキーに反逆して、周囲がトーキーでもサイレントをつくっていた時期があり、現に今日でも鑑賞に耐える無声映画がある。「語りかけてくる画面」ということを考えたら、映像文化全盛の今日、美しいカラーと巨大なスクリーンを得てもまだまだ昔の映画に及ばないともいえる。そしてテレビも又映画の伝統から離れきれないでいるのが現実である。

観客席が劇場から茶の間に移るという大革命が起きて、映画がテレビに対立しようと努力しているのに、テレビは大衆的であることをいいことに、すでに無気力だといわれても仕方がない。紅白歌合戦で三船敏郎に対抗出来るテレビスターがいないのはテレビ人として残念であった。

新派、新劇、新国劇

紅白歌合戦の審査員席はエプロンステージの正面客席に並んでいるが、その中央の三船敏郎と藤田弓子の間に坐った宮田輝は、三船についで、藤田にも勝負の予想を聞く。

彼女は、昭和四十三年度ＮＨＫテレビ小説「あしたこそ」（原作森村桂）の主演者。

審査員としての宮田輝との一問一答は「あしたこそ」同様のそつのなさで、三船敏郎のスターの風格と較べると、テレビスター独特の邪魔にならない「皆様の藤田弓子です」である。

彼女は文学座員であり、朝のテレビ小説の「うず潮」（林美智子）「おはなはん」（樫山文枝）「旅路」（日色ともゑ）に続く、新劇若手女優として昭和四十三年のスターになった。

新劇は新しい劇なのか

新劇という言葉はすでに古い。新しくないのである。〝新劇史〟という本があるのだから、すでに特定のジャンルを指す固有名詞として考えるべきなのであろうが、当然、新しかった時代はある。

「新派」が生れ「新国劇」が生れ、それぞれ「新」であることを強調したのだが、依然として、「旧派」(歌舞伎)と対抗出来るところまで成長出来なかった。つまるところ、新しくなかったのである。

「新派」「新国劇」「新劇」の他に「新喜劇」「新制作座」といったグループがあるが、どの場合でも「新」と名乗った段階では「旧」を否定する、あるいは自分以外を「旧」とみなすわけで、例えば「新劇」に挑戦状をつきつけたといわれる「新制作座」(眞山美保)のメッセージは、「知識人ともつかず、思想家ともつかず、芸術家ともつかず、常識に欠け人情が無く、エゴイスティックで民族性がない発育不全の新劇人に対する別れと挑戦!」という厳しいものである。これが昭和二十五年。

挑戦を受けた彼女のいう発育不全の新劇人は、商業主義路線に傾いていたので応戦することはしていない。

「新制作座」は、「日本中が私の劇場」と商業劇場に出演することなく劇団活動を続けている。

新劇が新しかった時代

ここで新劇の歴史をさかのぼると、明治三十九年、坪内逍遥の文芸協会あたりからになろう。

明治四十四年、松井須磨子主演の「人形の家」の成功で新劇は劇壇にその位置を確保したが、翌年松井は島村抱月と退会して、後に「芸術座」をつくる。

この逍遥は演劇活動をするについて、その男女関係をストイックなまでに厳しくチェックしたが、これは歌舞伎の世界の色事にへきえきしていたからである。それだけに新しい演劇人として、道徳的であることを条件としたわけだが、片腕の抱月と松井の恋愛は、それを押えるほど燃えあがり、「人形の家」以後、文芸協会としての成功を目前にしながら二人を処分した。

文芸協会はその初期に芸名をつけることも禁じている。新しい演劇の新しい演劇人として教養のある社会人を前提に出発しているから、芸名も不必要というわけだが、結局は松井須磨子も芸名である。

この場合の芸名は素姓をかくすというより、自分を変えることに役立たせる意味もある。

宇野重吉は、この芸名は役が替るごとにドシドシつけかえろとまでいっている。だから歌舞伎その他、伝統芸の芸名とは多少つける意味が違っているわけである。

さて、劇団内で禁じられた恋愛事件で文芸協会を退会した二人だが、その後、新劇といえども恋愛事件は繰り返される。そして離合集散は新劇の常で、松井、島村がその後の新劇の歴史を変えてしまうように、昭和四十二年以降でも、藤田弓子の文学座は分裂して劇団「雲」が出来、さらに別れて劇団「ＮＬＴ」、そして「浪曼劇場」と四つの劇団が生れてしまう。

演劇理論、政治意識の相違が分裂を生む大きな原因になるのだが、政治意識の場合、戦前までの新劇活動が左翼活動の一端だった歴史があるだけに反応も敏感なのである。

新国劇・沢田正二郎

大正二年の芸術座は島村・松井という実質的な夫婦で運営され、「カチューシャ可愛いや」の「復活」で全国的なヒット舞台をつくったが、同時に商業演劇への身売りもして、大正七年には抱月の死、それを追って松井も死を選び、芸術座は終わる。

この芸術座から飛びだした沢田正二郎が「新国劇」をつくる。彼は旗挙げに失敗するが、大阪で松竹と結びついて成功するのが大正六年。

新劇は商業演劇を否定してスタートしながら、結局は商業演劇に身売りすることで大衆芸能化してゆく。

既成の興行師に頼らざるを得ず、この新劇運動と商業演劇との関係が以後、「堕落」（小山内薫）、「大衆化」（島村抱月）という言葉を対立させながら続くことになる。

大正十三年、築地小劇場が「演劇の実験室」「演劇の常設館」「民衆の見世物小屋」というモットーで生れる。

土方与志、小山内薫を中心にしたこの劇場から昭和の新劇界のリーダー達が育った。

つまり、俳優座、民芸につながり、昭和六年のテアトル・コメディが文学座につながる。

昭和十五年に左翼劇団が一方的な弾圧で解散させられるが、その前に丸山定夫が浅草のエノケン劇団に出演しているのが、生活の為とはいえ興味深い。そのエノケンが千田是也と「三文オペラ」で顔をあわせるようなこともしていたのだから、戦前の新劇活動の方が柔軟性に富んでいたといえる。

敗戦後の新劇史から大衆芸能の面を探すことは困難だが、ラジオ・テレビ・映画を通して新劇俳優が大衆の人気を集めた意味は大きい。そして、新劇俳優がテレビに出始めた頃は、「劇団の為」「生活の為」がその理由で、あたかも苦界に身を沈めるような雰囲気だった。それでも、山本安英はいまだにテレビに姿を現わさない。

逆に芦田伸介のように新劇の舞台に登場しても、客席から「アシダサーン」と黄色い声がかかる人もいる。テレビでは主役だが、舞台では端役という劇団員の登場に客席が沸いたりするのも慣れてしまった。こんなところからでも新劇が客を増やすことは悪いことではない。

「ぶどうの会」を通じて、今日もっとも完成された舞台のひとつといわれる山本安英の「夕鶴」は五百回上演して、まだ超満員の観客動員をつづけている。「ぶどうの会」

以後は宇野重吉との顔合わせになってより大衆的になりながら、内容を落さない点が貴重である。

他に、滝沢修の名人芸、「新劇寄席」という秀れた企画など大衆的という面で新しくなる可能性はある。（一九七五年、小沢昭一は新劇運動会と名づけて芸能座を旗挙げした。）

そこに「新劇」の「新」をもう一度、意味づける未来があるのだと思う。

アンダー・グラウンド

昭和四十二年以来運動化したアンダー・グラウンドと呼ばれる若いグループは、「新劇」と呼ばれることを拒否しながら「民衆の見世物小屋」「演劇の実験室・常設館」たらんとしている。

大正十三年に逆戻りして出直すこの演劇グループは、「今日劇」であり「未来劇」を目指すことで、新たらんとしているのであろう。

さて新劇がアンサンブルか個人芸かという問題をかかえこんでいる時、個人芸に支えられているのが「新派」である。

花柳章太郎の死後、水谷八重子が孤軍奮闘して、テレビではお婆ちゃん役、舞台では清純な娘役と、杉村春子の「女の一生」を舞台とテレビで演じわけている感じさえする。

明治中期の壮士劇、角藤《すどう》定憲、川上音二郎を新派の始祖というものの、その系譜は決してつながってはいない。

旧派（歌舞伎）になぐり込み、女形といえども毛脛《けずね》をむきだしにした時期から、その人気が旧派と並んだ時期で芸質はガラリと変る。山から降りてきた金太郎みたいな娘が、深川で売れッ子の芸者になったような歴史があるのである。そして今や、老妓《ろうぎ》なのだ。

その歴史の中で、商業演劇と新劇の中間という意味の「中間演劇」（井上正夫）が生れたが、今日の芸能を考えてみると、そのすべてが「中間芸能」といえる現状でもある。

新劇は新しくなるか

〝新劇〟〝新派〟につづく新の字御三家の〝新国劇〟は一時テレビ局が経営していた。

昭和四十三年夏。フジテレビが新国劇の経営に乗りだしたことがある。沢田正二郎から辰巳柳太郎、島田正吾が受けついだところまでは劇団活動があったが、この二人が老優になり、沢田に対する辰巳・島田になると思った緒形拳に退団されて、放送局に頼らざるを得なくなったのだ。

これは沢田正二郎が、その殺陣《たて》を中心に剣技を名乗り、邪劇とまでいわれながら、チャンバラ全盛時代をつくったのが昭和初期。チャンバラそのものの魅力がうすれてゆく歴史の中で体質改善が追いつかなかったわけだが、これに「殺陣」の迫力が映画に及ばなくなってきた致命傷も輪をかけた。

バシッ、ビュッと肉を斬り、腕が飛び、噴水のように血が飛ぶ近頃の映画には、エロをプラスした女剣劇さえ、その人気を失ってしまった。そして映像チャンバラは舞台とちがって剣の修業を必要としないから、人気スターは誰でもカッコよく斬りまくる。斬られ役さえ心得ていれば僕だって剣豪になれるのである。こうして新国劇十八番の殺陣はその生命を無くしてしまった。

しかし、紅白歌合戦でも橋幸夫が派手な立ち廻りをみせているから、見世物としての要素なら充分に意味はある。

このチャンバラ故に「邪劇」と差別された沢田正二郎の文字通りの苦難の道は、「正劇」たらんとする戦いであり、その戦いに勝った時点で、つまり、スターになった時点で終わっていたことになる。

「新国劇」の新は沢田個人のものだった。そして「新派」の新は、水谷個人のものになってしまったといえる。その点「新劇」は最初から群雄割拠、新の字は誰のものでもなく、又、勝手に自分のものに出来たから、今後、何が「新」なのかさえ明示されれば可能性に満ちているといえるだろう。俳優小劇場の「新劇寄席」が、あきらかに「新寄席」として成功したように。

踊り踊るなら

宮田輝は審査員席から再びステージにあがる。

「エールの交換が終りましたところで、後半戦は攻守交替、男性軍、白組の先攻」

こうして、紅白歌合戦は後半にうつり、オーケストラも変って、白組は有馬徹とノーチェ・クバーナ、紅組は原信夫とシャープス＆フラッツ。

坂本九が紹介するのは北島三郎。

〽義理ある人に背を向けて
別れてきたと君は泣く
雨が降る降る天文館の

青いランプに身を寄せりゃ
あァ　悲恋の旅のドラが鳴る

（「薩摩の女」作詞 星野哲郎）

水前寺清子が、これも紅組の司会をしたことがある江利チエミの登場をうながす。

日本髪で歌うのは「八木節《やぎぶし》」。

〽あァ　アァあァ…………
上州名代の大親分は度胸すぐれた国定忠治
百姓泣かせの悪代官を取って押えて一泡ふかせ
今宵かぎりの赤城を下る
ここに哀れは板割浅よ　叔父の形見の
勘太を背負い、坊やよい子だ
ネンネンコロリとオーイサネ

東京音頭とチャップリン

この歌は日本の民謡の中で最も早くレコード化された民謡で、歌った八木節源太は後の安来節《やすぎぶし》お糸同様のスターになっている。これが大正五年のこと。

こうして特定の地方の歌が日本中に流行するという系譜は戦後の五木の子守唄、ペギー葉山のよさこい節など耳新しいが、なんといっても爆発的だったのは昭和八年の東京音頭である。日本だけでなく、ロスアンゼルスではチャップリンが先頭で踊っている写真をみたことがある。

東京音頭の場合、明治維新の「ええじゃないか」と比較されて、マス・ヒステリアの状態とまでいわれたブームを起したわけだが、踊りが一緒になって流行したという点で大きな意味がある。

家元制度バンザイ

ここで邦舞について考えたい。この昭和八年こそ日本人が最も日本舞踊を踊ったということになるからである。

神話の世界から始まって昭和四十三年までの長い歴史の中で、日本舞踊が民衆のものとして受けとめられたのは東京音頭が最後ではないだろうかということなのである。それは地唄舞と盆踊りと一緒にするとは何事だという説もあろうが、日本人が和服で踊ることを「邦舞」とするならば、この「東京音頭」が邦舞が咲かせた最後の花であり、その後は芸能というより趣味の世界へ逃げこむことで細々と伝統を守りつづけているのが現実であろう。

踊りは歌以前から人間の最も素朴な感情表現の術として生れて育ってきた。それが出雲の阿国の念仏踊り以降の民族舞踊といわれるものと、家元制度の中の鑑賞用、又は身だしなみ用のものと別れた。

この家元制度が素人の僕にとって不可解なのだが、まず、流儀があるといっても一般観客にとって花柳も藤間もわからない、山村と吉村の区別もつかない、なんとかなるのは「舞」と「踊」の区別ぐらいで、作品と作家の個性を発見することは困難の極みだ。

それでは「何をみろ」というのだろう。邦楽の場合も、清元《きよもと》、常磐津《ときわづ》、端唄《はうた》、宮薗《みやぞの》、新内《しんない》、荻江《おぎえ》、河東《かとう》、と並べて、それぞれが区別しあっているものの、これも僕には区別のしようもない。区別しようと思わないからそれでいいのだが、それぞれに家元があるからこんがらがってしまうのだ。

家元制度が、技術と生活を守ることはよくわかるが、家元の権威を支えているのは技術ではない。弟子の方が余程上手な流儀が多いことでもわかる。

実力主義で無い以上、家元制度の中にいるのは芸人でもなければ芸術家でもない。趣味で生活しているといえばいいのだろう。

舞踊の会に出かければ、ますますイチモクリョウゼンだ。家元同士が芸を競いあう会ならとも角、弟子のおさらいと称するものは、これ以上、淫靡な風景はない。

地唄舞から盆踊りまで一緒に論じる無謀さというものを大切にしたいのだが、僕は地唄舞のファンというより信者であり、個人的な趣味として書けば吉村雄輝《ゆうき》、山村楽《らく》正《しょう》の舞は僕の財産のひとつでもある。そういう人もいるのである。

ただ願わくは、そういう名人が盆踊りを土台にした舞踊人口の頂点に立つべきなのであって、孤立した状態で、舞を守っていることはやはり悲劇なのだ。それは名手と呼ばれても真の名手にはなり得ないのである。

天性と修業の積み重ねだけが身につける芸は何処へ行ってしまうのだろう。

チャスラフスカの舞

昭和四十三年。チェコの体操選手ヴェラ・チャスラフスカがメキシコで金メダルを獲得、そして引退した。

チャスラフスカが日本を第二の故郷のように思っていたことを推理してみたい。彼女は体操競技の鬼である。日本の男子選手の競技に注目した。プロポーションの悪い日本の男子がなぜ金メダルをとれるのか。彼女は男子選手に他の国の選手にはない「呼吸」と「間」を発見する。競技の最中の息の吸い方、吐き方、そして止め方を会得しようとする。それが彼女自身の金メダルにつながることを感じたのである。彼女は日本人の生活の中からそれをつかもうとする。彼女の体操競技にとって日本は故郷そのものなのである。

さて、僕はそのメキシコでの体操競技について上方舞の山村楽正と話をした。彼女は男子選手の呼吸と間が、舞と同じであることを感じていた。日本の古典芸能である舞とオリンピック競技の体操を細い糸がつないでいる。チャスラフスカにもその糸がみえたのである。しかも、男子選手に限られているのだ。修業の末の舞姿の完璧なまでの美しさを、チャスラフスカの競技に発見出来る。

日本の女子選手がヨーロッパの技術を追うのに必死になっている間に、チャスラフスカは、日本の芸の呼吸を身につけてしまったのだ。

「息づまる」「息をつかせない」それが日本の芸の伝統なのである。

藤田嗣治はあの細い華麗な線を息をとめて描いたという。これは競馬の騎手がホームストレッチに入った時からゴールまで息をとめるのと同じで、緊張度を高める為の肉体による手段である。

剣道の場合でも、息を吐いた瞬間に斬られるという。

能楽師が演能中に倒れるケースが多いのも、息をとめる体力がともなわなくなるからであろう。

瞬間にして息を吸い、又は吐き、又はとめてしまう。呼吸を感じさせないということが日本の芸の求める姿であり、チャスラフスカの求めた体操ではなかったのだろうか。

以上は、舞が好きで、チャスラフスカが好きだった僕の勝手な想像だが、独断と偏見は初めに断わった通りで、珍説と笑われても平気だと、やせがまんしておく。

もう一度、盆踊りに戻そう。例えば徳島の阿波踊りを舞踊家が踊ると死人の踊りみたいに無気力になるが、街の若者達の、それも徳島周辺の村から列をつくって踊りこんでくる人達の踊りは感動的な迫力に満ちている。その場合、洋服で踊っていても立派な踊りになっている。踊りそのものはゴーゴー・ダンスと変らないけれども、僕は舞踊家という以上、盆踊りも、ゴーゴーも踊れるというところからスタートしてほしいものだと思う。

邦楽　その祭ばやし

ことのついでに邦楽について。

「新内は亡びてしまっていい
哀しく消えてこそ　新内は生きる」

岡本文弥《ぶんや》は今は江戸情緒の中で新内の臨終をみつめている。

その彼も大正十五年には「西部戦線異状なし」を新内で演奏している。古典芸能を保護するのは、無意味だという岡本文弥が「西部戦線異状なし」を築地小劇場で演奏した理由は、

「若かったからです」

そして今、古典に戻り、古典の世界に生きようと努力している。

明治以後、邦楽は洋楽に押されまくり、音楽の世界では片隅にひそやかに生きつづけている存在になった。その中でガーシュインを弾こうとさえした宮城道雄のような人も出たが、かつて邦楽の現代化を試みた人すべてが実験に終ってしまっている。しかしあきらめるのは早すぎる。

琴や尺八でジャズを演奏しようというのはその発想からして間違っている。それは珍しいだけのことなので、三橋美智也の津軽三味線と寺内タケシのエレキギターの合奏、オーケストラと尺八という風に対決するという形で確認しなければならない。

さて邦楽がいじけてしまったのは学校教育が音楽のすべてを洋楽にしてしまったことが外からの条件、そして四畳半の世界から脱けだせなかったのが内側の問題。邦楽は日本の音楽であっても、僕達の音楽ではない。僕のイメージが邦舞が盆踊りであるように邦楽は祭りばやしであり、下座音楽ということになる。祭りばやしは遠くから聞こえるのがいい。下座は志ん生・文楽のオーバァチュアである。ここにだけ残ればいいというのが本音だが、音としてとらえた場合、太棹《ふとざお》のデーンという音、太鼓のカチッという音、能管のヒューッという音、どの音をとっても好きな音である。

素材としてオーケストラの中で編曲されることで、今日の日本音楽にする仕事は多くの作曲家が取り組んでいる。声明《しょうみょう》や和讃に黒人霊歌のハーモニーを感じるように「仏教音楽」とまで呼ばれるところまでさかのぼれば新しい発見はいくらもあるということである。

音楽だけとして考えた場合だから、歌舞伎の義太夫や文楽の浄瑠璃は後で触れるとして、明治二十年代に一度だけ、この邦楽の雄、義太夫が「娘義太夫」という形で大衆芸能の王座をしめたことがある。

熱狂と失神と

昭和四十三年、グループ・サウンズ大流行の中にオックスというグループがあり、歌手の赤松愛が歌いながら失神することから、熱狂するファンにまで失神が続出したが娘義太夫のスター豊竹《とよたけ》呂《ろ》昇《しょう》の自伝には、熱狂した観客の一人が指を斬って舞台に投げてきたと書いてあるからスケールが違う。

娘義太夫の全盛時代を支えたのは学生（書生）である。彼等は太夫に「オテントサマ！」と声をかけたという。

「オテントサマ！」そんな風に声のかけられる芸人を僕達は持っているだろうか。娘義太夫は今日でも毎月、本牧亭で会があるが、その昔「オテントサマ」「どうするどうする」と叫び、楽屋にいりびたり、人力車を押したであろう老人達が静かに楽しんでいる。

この項目について「大夫」と「太夫」の区別をしないことを前もって書いておく。例えば豊竹山城少掾《しょうじょう》の文章をみていると、「文楽の大夫」「歌舞伎の太夫」と書きわけている。歌舞伎の場合の出語りをチョボというのは「太夫」であって「大夫」ではないという差別のしるしなのだ。

「大夫」が歌舞伎の出語りをしたのは実に昭和三十四年、幸四郎の「日向島」に竹本綱大夫の顔合わせが最初なのである。人形浄瑠璃を語ろうとすると、こんな文字面が気になったり、××の宮さまから授けられる掾号というナンセンスなものの説明まで必要になるのだから、親しみがもてないのは当然である。

芸の伝承、その格づけの神秘性もわかるが、国立小劇場で文楽公演の客の不入りだった時に、「不入りの方がいいのです、これが満員になったりすると保護されなくなる」といった人の話を聞いたこともある。

日本の人形たち

この文楽の人形の方を人形劇として考えると、人形そのものは「ひょっこりひょうたん島」や、ケロヨンのように充分に大衆芸能の一端をになっている。

かつて文楽が「蝶々夫人」のような新作をやって批判され、今はそんな雰囲気がまるでないが、あの時、何故、子供を喜ばすことを考えなかったのかと思う。あとから、なんなりとでもいえるが、人形浄瑠璃の中には子供にとって面白い部分がいくらでもある。伝統芸能の保存ということを叫びながら、子供を無視するのが、どうしてもわからない。伝統芸能にとって頼りにならない戦中・戦後派をこそ無視して小学生相手のことをもっと考えるべきだと思う。子供達は、ケロヨンやガバチョでなくても人形が動けば喜ぶのである。

竹田人形座や、創立四十周年を迎える劇団プークの活動には古典からテレビ、つまり、老人から子供までをとらえている姿勢があり、その中で伝統を考えている。糸操りから怪獣の縫いぐるみまで人形劇が不遇ながら努力を重ねているのに対して、文楽だけが保護されるのはよくわからない。過保護がよくないのは近頃の大学生でよくわかっているはずなのに。

良俗、常識、検閲

アイ・ジョージは例によって小柄な身体にギターをかかえて歌いあげる。

〽今ならばサヨナラがいえる
今ならば別れられる二人
このままでは傷つけあい
思い出も消え失せ
愛しあえない夜

（「別れのバラード」作詞　永　六輔）

そしてジョージと同じく低音のきれいな青江三奈が「伊勢佐木町ブルー

ス」。

〽あなた知ってる港ヨコハマ
街の並木に汐風吹けば
花散る夜を惜しむよに
伊勢佐木あたりに灯がともる
恋と情けの灯がともる

（「伊勢佐木町ブルース」作詞 川内康範）

カットされた嘆息

この歌は、その前奏と間奏にセクシァルな嘆息が入ることで、ＮＨＫでは歌えなかった歌なのだが、なんとこの日はその嘆息を奇妙な音のでるラッパに変えて歌った。しかも、そのラッパを紅組の応援団が吹いて笑わせた。紅白歌合戦で歌そのものの性質がこんなにも変ってしまったことはない。勿論、ユーモアとしての理解も出来る。スタッフの精一杯の皮肉とも受けとれる。ことさらに歌が変ってしまったと、怒るほどのことではないとも思う。しかし、前田武彦、コント55号といういわば民放の育てた人気トリオの出演までさせて腹の大きいところをみせたＮＨＫがなぜ青江三奈の嘆息をとりあげてしまったのか、よくわからない。とりあげてしまったとしてもヒットソングなのである。笛を吹いたって嘆息のイメージは残る。歌合戦の場合はお祭りだからユーモアと解釈するとしても、ＮＨＫの普段の番組で、青江三奈が「伊勢佐木町ブルース」を歌えないのは何故か。

「好ましくない歌」の場合、レコード倫理規定というのもあるし、放送倫理規定というのもある。

放送禁止歌謡曲

昭和四十三年で放送禁止になった歌には次のようなものがある。

「そばにいたいの」　牧村純子　ミノルフォン

「もうだめだめよ」　藤ユキ　ビクター

「誰かがどこかで」　フォーク・キャンパーズ　ユニオン

「ラリラリ東京」　三浦正弘とアロハ・ブラザーズ　ポリドール

「484のブルース」　木立じゅん　テイチク
「蒸発のブルース」　矢吹健　ユニオン
「女の背信」　秋美子　ポリドール
「火遊びのブルース」　応蘭芳　ビクター
「渚のエクスタシー」　〃　〃
「だるまさん」　松原ゆき子　ミノルフォン
「スキャンドール」　朝丘雪路　クラウン
「ためいきのスキャンドール」　〃　〃
「ハメハメ」　南州太郎　大映
「あなたが悪いの」　深山天里　ポリドール

といった歌が並ぶ。これは民放連が自粛の形で放送禁止にしたのであって、警視庁が禁止にしたわけではない。当然、レコード屋では売っているし、有線放送では流されている。放送局の自粛といっても、局が体制側であるとみれば弾圧という言葉を使えないこともないが、こんな例もある。「三月生れは浮気者」というカンツォーネがある放送局でカットになった。理由は「皇后陛下は三月生れであらせられる」ということだった。この例でわかるように禁止になる対象はまず題名であり、歌詞である。ところが歌謡曲の場合、歌詞だけとりあげることはナンセンスなのだ。彼等にとって危険なのはメロディやリズムも同じはずである。単に歌詞は文句がつけやすいだけなので、作曲についての考察はむずかしいから文句がつけられないのだ。当然、その歌い方も人格も衣裳すらも同じように扱われなければいけない。

倫理規定というものがあって、芸能の表現すべてが自由でないことはわかるが、紅白歌合戦で青江三奈が嘆息をついてはいけない基準ということになるとむずかしい。嘆息だけとりあげれば、あの程度の嘆息はテレビ・ドラマの中にだってあるし、ベッドシーンそのものまである。ＮＨＫだから遠慮する、それが常識だという言葉があるが、常識とか正義という言葉ぐらいその内容の変化するものはない。

そのＮＨＫに「連想ゲーム」という生放送の放送があり、しばしば出場者が「オナラ」とか「トイレ」という発言をして司会者をうろたえさせる。この時に司会の青木アナウンサーは、「殿中でござるぞ！」とたしなめる。まさにＮＨＫは松の廊下なのである。「大奥㊙物語」などという映画もあるが、とに角「殿中でござるぞ」という言葉はピッタリする。

青江三奈の嘆息がカットされても、青江三奈や「伊勢佐木町ブルース」がカットされたわけではないからあの笛はジョークとして受けとろうと思う。でも、根っから安心したわけではない。多少の不安はある。

検閲の歴史

なにしろ日本の芸能史は体制によって変質をしいられてきたことばかりだ。その歴史を近代史だけみてもゾッとする。

小山内薫が「検閲が警視庁管下にある限り、日本の演劇は決して明るみに出ないだろう」と悲しんだが、その警視庁管下になったのは明治九年。以後、機会あるごとに取締規則が出され、演劇はその内容まで「改良」という言葉によって改悪されてゆく。特に歌舞伎は改良を重ねられて、今のような、「昔は面白かったろうな」というものになってしまった。

「脚本を猥褻にとり、趣向を淫奔に借り、恥を知るものの観るに忍びざるものにして下等人民を喜ばせるもの」だった歌舞伎が、下等人民から離れ、上等人民を喜ばせるようになった時、その生命は消えてしまっているのだ。下等人民の支持のない芸が大衆芸能であるわけがない。

　ついでに明治三十三年の演劇取締規則をメモしておく。

「㊀皇室の尊厳を瀆《けが》し、不敬の行為に渉るの恐れあるものはもちろん、又皇威を発揚し、忠君勤王の志気を奮起せしむるが為なりとも、いやしくも事の皇室に対し不遜の痕跡を印するの恐れあるもの。」

「㊁残虐不倫の脚色にして、看者の神経を害し、児童に恐怖の念を惹起せしむる恐れあるもの。」

「㊂猥褻に関する事は無論否認せらるる。即ち昔時の濡れ場の如き、親子兄弟と相共に見聞し得べからざる等のもの。」

　あとは略すが、政策を批判してはいけない、犯罪現場を演じてはいけない、などことこまかに規制している。僕には想像がつかないが、この通りに規制されていたとしたら明治・大正の演劇が面白かったわけがないと思うのだ。この規則が単なる紙の上のものでない話は沢山残っているのだから、それを観た観客、批評した劇評家のいうことはまるであてにならないのではないだろうか。当然、劇評だって出版の統制下にあったわけだから、自由なことは書けない。不自由な演劇を観て、不自由な劇評を書いて、それが今でも芸能界に権威あるものとして残っているのだから奇妙だ。

コラッ中止ッ！

かつてあらゆる劇場・演芸場に臨官席というものがあり、彼は法の触れる場面、言葉に対して国家の名のもとに「中止ッ」という声がかけられた。規準は明治三十三年版の規則である。この「中止ッ」に対して、続行するかしないかが芸人の心意気であり、誇りであった。中止しないで舞台で逮捕され、連行される芸人を観客は拍手をもって送ったという。柳家三亀松は舞台から「今から私は警察に連れてかれて叱られます。三亀松が叱られているところをみたい方は一緒に行きましょう」とあいさつをして、満員の客をゾロゾロ連れだしてしまったという伝説がある。

これはこの間の戦争中の話だが、さかのぼってみると「芸人何匹」と差別された江戸末期から明治に入って四年目、大道芸人は浮浪者とみなすという乱暴な法律が決った。この年に高座で政府批判をやって連行された朝寝坊むらく、遂にあやまらなくて獄死という記録がある。当時の獄死は警察による殺人でもあった。逮捕される者は数知れず、特に壮士が芸人の姿を借りる明治二十年代になると、川上音二郎のように臨官席と喧嘩するのを売物にした舞台まであった。この新派の生みの親は逮捕歴百二十回を越えたという。

昭和に入ると軍国主義一色にぬりつぶされ、笑わせること自体が不真面目だといわれるようになる。勿論、恋愛も御法度である。

漫才や軽演劇の世界では大衆の欲求不満を代弁していたのだから、留置所入りがあいついだ。脚本はすべて上演前一週間にとどけて許可を得なければならなかったし、上演される舞台で脚本以外のセリフをいうと、臨官席で脚本と照合している警官にひっぱられた。今日、日本の商業演劇の特質である間にあわない台本ということがありえなかったのが、不幸中の幸いということになる。

戦争中になって、すべてが軍事体制になると、客席が笑うと、舞台から「この非常時に笑うな」と叫んだ漫才師も現われる。「あきれたぼういず」はこの非常時にあきれている奴があるか！　と叱られて「愉快な仲間」と改名するようなエピソードは山ほどある。「ぼういず」が敵性用語だからいけないとなれば、ミスワカナも当然いけない。そこでメスワカナと改名。大体、片仮名は横文字を連想されるからよろしくないとなって、ロッパは緑波、キートンは喜頓に変えたがアチャコが困ったりもした。

柳家金語楼は太平洋戦争中も、落語家として認められず俳優として登録されていた。理由はその顔がおかしくてみるだけで客が笑うのは戦時下という時勢にふさわしくない。役に扮して、その為に客が笑うなら、まだ許されるからというのである。

マイクロホンを敵性器具として、そんなものに頼ってはいけないと指令を出したなんていう馬鹿なことが通用したのである。

榎本健一までが真面目な芝居を押しつけられたのである。「笑わせてはいけない」といわれた喜劇人は、芸人をやめろといわれたのと同じだが、そういう理屈が堂々と通り、戦争中は慰問一色にぬりつぶされてゆく。この種のことは情報局が統轄したのだが、さすがに敗色が濃くなってからは、元気をつけさせる為に笑わせろという命令も出たという。

淡谷のり子はブルースを禁じられたが慰問にゆくと兵隊はブルースを歌ってくれという。その兵隊の気持を察して舞台の隅にいた憲兵がそっと姿を消し、彼女はブルースを歌った。あとでその憲兵が舞台裏で同じようにブルースを聞き涙ぐんでいたという。このエピソードひとつでも芸能と我々の人間的なかかわりあいというものがわかるはずだが、軍部はそれがわからなかったのだから恐ろしい。

芸能人という造語

ここで「芸能人」という言葉に触れておく。実はこの言葉、軍が慰問団を編成するについて、芸術家と芸人をまとめる為につくった新語なのである。芸術家が芸人と同席することを拒否したので、両方を芸能人という職名にすることで、芸術家をなだめ、芸人をおだてたわけだ。僕が芸能人という言葉が嫌いなのもそんなところにある。

さて体制と芸能というより、戦争と芸能という形でとらえてみると、維新以前は人間扱いをされなかった芸人が明治四年、四民平等の名のもとに法の上では人間なみになった。ここで芸人達は法律に感謝し、時の政府を有難く思う。ここまでは当然のことだが、この感謝がそのまま「へつらい」になり、政府のいうことはなんでもハイハイという芸能が主流になってゆくのである。

明治以後の戦争だけとりあげると、西南の役、日清戦争、日露戦争、第一次大戦、支那事変、満州事変、第二次大戦、そして朝鮮戦争、ベトナム戦争とつづく。まず西南の役（明治十年）では、翌年守《もり》田《た》勘弥《かんや》がこの西郷隆盛を劇化し「西南雲晴朝東風（おきげのくもはらうあさごち）」として上演、八十日間のロングランで大儲けして、新富座を建て直す。これが明治前年の歌舞伎隆盛につながるのだ。寄席の世界でも講談が西南の役をとりあげて人気を集めている。
日清戦争（明治二十七年）では川上音二郎が劇化上演、舞台を煙だらけにして熱演、新派劇を確固としたものにした。彼は劇化に際して戦争に従軍している。
日露戦争（明治三十七年）はその開戦の景気を見込んで曽我廼家《そがのや》喜劇が仁和賀まがいの狂言でロシアを散々にするとこれが大当り、曽我廼家喜劇は以後、日本の喜劇の主流をしめる。

　昭和に入ると国をあげての参戦ムード、ここでは浪花節が忠君愛国をうたい「戦いの歌」とまで名乗るようになる。戦争中は慰問につぐ慰問に終り、敗戦前後のエピソードとしては、「南の島に雪が降る」が芸能の価値を認識させて気持がいい。さらに戦時下の古典芸能を私財で守ろうとした武智鉄二の「断絃会」も彼のあらゆる仕事の中で最も認められるべきものであった。

　そして敗戦、朝鮮戦争時代はアメリカの芸人が慰問に来ては僕達の前にも姿を現わした。ボブ・ホープ、ダニー・ケイ、マリリン・モンロー、ルイ・アームストロング、などなど。日本のジャズメンもキャンプまわりで稼ぎ、江利チエミ、雪村いづみといった歌手も育った。前田武彦もキャンプまわりで英語のジョークなどつかっていた。

そして、ベトナム戦争。信じられないだろうが、軍用機にのってサイゴンに慰問に出かける日本の音楽家がいるのである。戦争と芸人はこうして常に結びついてきた部分がある。勿論、伊丹万作、友田恭助、丸山定夫など戦争の犠牲者もいるし、鶴田浩二、西村晃、前田武彦のように特攻隊の生き残りもいる。また南道郎のように再軍備論者もいる。これからは芸人の戦争観というものを明確にしておく必要がありそうな気がする。芸と戦争の歴史、戦時下の芸人の行動にはその素姓が脈うっているに違いない。

テレビが危ない

戦後、言論の自由ということで臨官制は廃止されたが、昭和四十三年でいえば落語家柳家つばめが吉田茂や佐藤栄作をモデルにして放送をカットされているし、漫才のコロムビア・トップ・ライトも政府批判を売物にしてマークされているという。裁判にまで発展したものでは、映画の武智事件、鈴木清順事件、報道という面までひろげれば、國學院大学フィルム没収事件、山谷のドキュメントを撮影中のスタッフが逮捕された事件など、表現の自由ということに関して、体制側との摩擦は絶えない。そして、ＮＨＫ組合委員長の上田哲は「テレビが危ない！」と説いて参議院議員に当選している。

「テレビが危ない！」ということは、将来テレビが凶器になる危険性があるということである。

僕達はテレビにうつるものすべてを事実として認めてはいけない。事実と真実が対立することだってあるのだ。

嘆息ぬきの「伊勢佐木町ブルース」が終った。

〽貴方のつめたい　そのひとみ
なぜに私をいじめるの
やさしく抱いて　ほしいのに
女心も知らないで
貴方がにくい　貴方がにくい
（「釧路の夜」作詞　宇佐英雄）

美川憲一につづいてこれも転向組の中村晃子。

〽幸せが住むという虹色の湖
幸せにあいたくて旅に出た私よ
ふるさとの村にある歓びも忘れて
あてもなく呼びかけた虹色の湖

（「虹色の湖」作詞 横井弘）

ここで白組、紅組、それぞれにあてた応援電報の紹介があり、漫才のてんや・わんやが、江戸の瓦版《かわらばん》売りという設定で登場、続いて、鳶《とび》装束の舟木一夫が歌う。

〽さっとかつぐはに組の梯子《はしご》
神田日本橋花が咲く
ソレ火事は近いぞ くり出せくり出せ
腰の鳶口 伊達には差さぬ

おいら　に組の野狐三次
江戸の名物　喧嘩鳶　さァどいたどいた

（「喧嘩鳶」作詞 村上元三）

歌舞伎発祥の地

布施明、森進一、千昌夫がそれぞれ火事場の仕度で、舟木の後にまわり、まといを振りまわす。なんとなくはなやいだ江戸気分があって、一寸した歌舞伎ショウである。歌舞伎の方では「め組の喧嘩」になるわけだが、紅白歌合戦で歌舞伎っぽかったのはこのシーンだけなので「に組の喧嘩」で間にあわせる。

昭和四十三年の秋、京都四条河原で唐十郎《からじゅうろう》の状況劇場が公演した。唐十郎は、河原乞食たらんとする芸人の一人であり、その演劇活動は常に現代の掛小屋であるテントでの上演を通して行なわれてきた。その彼が出雲阿国の歌舞伎踊り発祥の地であり河原乞食の聖地ともいえる四条河原での公演をしたのは、この年に流行したアンダーグラウンドの演劇のヒットである。

その京都の四条南座、その鴨川に面している壁に「歌舞伎発祥の地」という石碑が建っている。出雲の阿国が四条河原で念仏踊りを興行したことは史実に残るが、これはヒッピー族の街頭ハプニングとさして変るものではない。ハイミナールや、シンナーがわりに彼女達は呪術に近い信仰があり、それは戦乱の世の死者に対して、その霊をとむらう形で踊ったのである。こうして彼女は名古屋山三《さんざ》と並んで歌舞伎の始祖ということになっている。紫野大徳寺山内の高桐院《こうとういん》に二人の墓が並んでいるが、とてもスターの墓とは思えない。小さな粗末な墓である。

さて、十字架を腰にして念仏踊りといったヒッピーまがいの風俗から、大部分といっていい文献が、この歌舞伎の語源を「かぶく」に求めていて「傾く」「普通ではない」というような風俗からきたものにしている。それに歌舞伎という字をあてはめた見事さはあて字の中でも特に秀れている。しかし、無視されている語源に、「かぶき」は「門ほぎ」つまり乞食からきているのではないかという説がある。「ほぎ」は「ほがい」。「ほがいびと」というのは念仏をとなえて村々をまわる乞食坊主の類である。乞食のことを「ほいと」というのは東北地方に多いが、「ほがいびと」がつまったのだ。無理に「かぶき」を乞食につなげなくても、河原乞食という言葉があるのだが、この河原にしても、四条河原で興行をしたから河原乞食という簡単なつなげ方では困る。まず河原で興行をしたことは確かだが、その前に河原に住んでいたのである。このことは冒頭に書いたからはぶくが、阿国以後、若衆歌舞伎、野郎歌舞伎という歴史の中で、歌舞伎は常に性の対象であったことを忘れてはいけない。つまり、女歌舞伎は寝てくれる劇団でもあったのである。そして、女歌舞伎以後に発生した女形も男色の対象になっている。

初代団十郎は芸道にはげむ為に酒を絶ち、妻以外の女を絶ち、そして男色も絶ったという記録がある。そして芸人として大成はするが殺されている。

荒事と和事

江戸期になって江戸の荒事《あらごと》（市川団十郎）、上方の和事《わごと》（坂田藤十郎）という芸風をつくったが、当然それぞれの社会的な背景によるものである。

江戸の町人がことあるごとに武士に対抗したのに対し、大阪は商人の街、武士の数など、数えるほどもない、江戸の武士にあたるものが金であった。金と人間の関係に色事をからませて当時の現代劇として成功したわけである。

和事の伝統は現在の鴈治郎、扇雀《せんじゃく》にまで受けつがれているが、荒事となると、もう古典としてそのニュアンスを偲《しの》ぶだけの言葉になってしまっている。
芸質の上で東京と大阪の違いというのは今でも問題になる。醤油の味が名古屋界隈で違ってしまうように、芸人の人気も、テレビ時代の今日ですら微妙な違いを示す。西条凡児《さいじょうぼんじ》の人気をみても大阪一辺倒だし、立川談志のファンは東京にかたよることになる。例えば上方漫才のベテラン、末子・千代八の芸を東京の人にどう理解させるかを考えると見当がつかない。これが森繁久弥のように、大阪と東京、和事と荒事の芸質を持っている強みを考えると、大阪生れの東京育ち、東京生れの大阪育ちといった芸人には大いに興味がある。

もう一度、江戸の話に戻して荒事の方は町人の心意気という形で、団十郎は江戸市民の英雄的存在であった。それだけにリアルな現代劇にはならなかったのである。幕末になって生世話《きぜわ》狂言という形でリアルになった時には、殺し場、責め場、濡れ場で代表される猟奇的な歌舞伎になる。どちらにしても反体制演劇として支持されてきたのだ。

天覧歌舞伎

明治四年、四民平等になって河原乞食という差別は法的には無くなり、そして明治六年、守田勘弥が新富座をつくる。彼は政府の要人と密接な関係をつくり、それが明治二十年の天覧歌舞伎につながる。河原乞食が天覧に浴したというので歌舞伎の価値評価がグンとあがった。その時から、歌舞伎は元禄以後の栄光ある市民の演劇では無くなってしまったのである。歌舞伎は学者や政治家がよってたかって改良し、後世、人間国宝になりやすいような権威を植えつけた。

明治後半からは「松竹」が興行主として日本の歌舞伎を背負い、東宝歌舞伎は意欲ばかりで実りがうすいところから、いまだに松竹歌舞伎として国劇の位置を守っている。しかし、歌舞伎は日本を代表する演劇としての価値があるのだろうか。形の上では唯一の国立劇場を持っている演劇だが、日本人である僕達が僕達の演劇として楽しんでいるだろうか。こけおどかしの建物、これはヨーロッパのオペラの劇場でもそうだが、アチラの場合は社交場としての意味が生きている。オドオドした団体客が建物に圧倒されて肩身のせまい思いをしていることなんかないのである。

社交場といえば帝劇以前の歌舞伎の桟敷こそ、そこで食事をしたり、酒を飲んだりした、いうなれば今のレストラン・シアターであり「客の箸の動きをとめる」のが役者の心意気だった。桟敷の七輪にニンニクを突っこんで芝居を目茶苦茶にしてしまう無法松のエピソードも大したいたずらではないこともわかる。椅子席に改造され、場内で食事するのはご遠慮下さいとアナウンスされるように観劇の習慣は変ったが、よく考えてみるとこの観客に対する強制が上演される内容にプラスになっているかというと、そういう意味でのギブ・アンド・テイクは無い。見せてやるという恩着せがましさが目につくだけである。芸術院会員、人間国宝というピラピラの勲章をひけらかして、自分達が好きな役もめのない脚本を選び、それが日本の代表的な演劇とは情けない。僕にはそんな連中の歌舞伎よりもかつての市川右太衛門の東映歌舞伎、唐十郎の状況劇場の方がずっとズッと歌舞伎だと思えるのである。といって松竹・東宝の歌舞伎を否定するものではない。

例えば中村芝《し》鶴《かく》が「演劇界は地獄の世界です。強きを助け弱きを挫く権力者の横行、謀略、偽善、虚勢、嫉妬、羨望、淫猥、全て完備している世界です。そして、その中で働く者は忍従と屈辱、飢餓、精神錯乱に耐えながら飽きることなき生涯を生きつづける不思議な世界であります」などと書いてあるのを暗記してこの文句をつぶやきながら国立劇場に出かけると、もう血湧き肉躍る観劇になる。僕はそうしたみじめさがたまらなく好きなのである。

前進座の二人

一方、芝鶴の書く芝居の世界で革命を起した前進座というグループがある。昭和六年、河原崎長十郎、中村翫《かん》右衛《え》門《もん》、河原崎国太郎を中心にして若い歌舞伎役者達を集めて発足。独自の歌舞伎研究と創作劇で活躍したが、敗戦後、座員全員の共産党入党が話題を呼んだ。昭和二十七年、流血のメーデー、破防法施行などのあった年に、警察にマークされていた前進座は函館での興行で、翫右衛門を逮捕しようとする武装警官に包囲された。照明弾の下を逃げた翫右衛門は、そのまま中国に亡命、昭和三十一年に帰国して舞台に復帰した。

同じ中国からの帰国でも長十郎の場合は、政治思想の行き違いから一方的に除名されてしまった（昭和四十三年）。長十郎問題は後味が悪いが、こうした政治意識があるだけ、現代性があるということにもなる。歌舞伎役者がテレビのホームドラマに出ることが現代性ではないのである。

　こうして古典から現代劇までを上演出来る唯一の劇団は創立者の二人が別れてしまったままである。昭和四十三年の三月新派公演に特別出演する翫右衛門は、かつて長十郎と、それぞれのモデルを活写した「巷談《こうだん》本牧亭」を上演する。前進座も変りつつあるし、歌舞伎の世界にいや気がさして投身自殺をした市川団蔵のお化けが出そうな歌舞伎も、若返りつつはある。

ふるさとの歌まつり

鼻にかかった声で歌うのは園まり。

〽ひとりにしないでね　悲しくなるから
あなたの手のひらにつつまれた私
愛ってこわい　とてもとてもこわい
あなたの中で　いつかくだけて散る
星になってしまいそう
（「ひとりにしないで」作詞　岩谷時子）

そして男性陣の最年長歌手、春日八郎。

〽淋しさに　ただひとり
たどれば続く　バラ色の海
あア　忘られぬ　おもかげを
心にひめて　行く果てに
思い出残す　たそがれの砂丘

（「たそがれの砂丘」作詞　たなかゆきを）

女性陣は岸洋子。
このあたりベテランを紹介する若い司会の二人、神経をつかっていた。

〽あなたの胸で聞きたいの
この歌こそ　いま一度
私を忘れて　すてて行ったあの人
憎いはずの　人なのに

（「今宵貴方が聞く歌は」訳詞 音羽たかし）

デューク・エイセスは彼等の「にほんのうた」というシリーズから、日本で一番温泉が多いという群馬県の歌。

〽いい湯だな　いい湯だな
湯気が天井からポタリと背中に
つめてェな　つめてェな
ここは上州　草津の湯

チョイと出ました八木節

群馬県には八木節という民謡があり、これは江利チエミが歌った。つまり、紅白歌合戦で群馬県を歌った歌と群馬県の歌とが歌われたことになる。

では八木節はいつ頃から歌われたかということになると、今のように調子の良いものになったのは明治中期、上越線が開通してからなのである。この歌はかつて馬子唄だったのだが、汽車が通るようになって失業した馬子達が、そののびやかなメロディを急速なテンポのものに変えて歌い、それから有名になったものだという。そして、この八木節が最初にレコードになった民謡である。時に大正三年。スタジオに乗り込んだ堀込源太一行が褌《ふんどし》一本の姿で録音したのが語り草になっている。レコードが国内で録音され始めたのが明治四十二年だから、最初は商品になる見込みがなかったのであろう。しかし、この「八木節」がヒットして民謡のレコード化が続く。

　別のエピソードで証拠づけるなら、昭和三十五年和歌山県串本市が漫才の砂川捨丸を名誉市民にしている。これは砂川が活躍した明治末の舞台で、串本節を紹介した功績によるものだ。砂川捨丸は名誉市民の表彰式に出席したが、同じ民謡関係の表彰でこんなエピソードもある。

　昭和三十九年度の文部省芸術祭で奨励賞を受けた東京浅草の木馬館民謡一座が、その受賞式の晴れがましさに恥ずかしくなって表彰を受けずに帰ってしまったという。その木馬館は最近、色物を増やした寄席に転向してしまったが、安来節は大正十年以来、震災をはさんで歌いつづけられている。出雲名物の歌が浅草に定着してしまい、浅草名物になってしまったのが面白い。ちなみに本家の安来にいっても、簡単に安来節を聞くことは出来ない。こうして民謡が別の土地で根をおろしてしまうという例さえあるわけである。

とに角レコードや放送の時代になって、いながらにして日本の、世界の音楽が聞けるのは素晴らしいが、こうしてマスコミを通して紹介される段階で実は民謡の生命ともいうセックスの面がけずられ、観光用として美化されてしまっているという事実がある。

〽おそのまわりに　うんこをぬって
　おかまほるきでしてみたい

これはソーラン節の中にあった歌詞だが、土地の老漁師に聞くと「この歌を歌ってニシンをとるようにいうけど、歌なんか歌っちゃいられねェ」という。ソーラン節というのは不漁の時に酒をくらってやけになって歌うのだそうだ。こうなると伝えられている段階で歌が全く姿を変えてしまっていることになる。たくましい生命力を持った民謡が、上品な気取った歌になってしまっているのである。

新しい民謡

徳島県に天皇が行幸した時に、「阿波踊」を御覧にいれた。

〽踊る阿呆に　みる阿呆
　どうせみるなら踊らにゃ損々

天皇がみているという理由で「みる阿呆」がカットされた。
民謡を僕達の祖先が歌いつづけてきたように、少なくとも、その精神だけは受けついでゆきたい。しかし、古くからあるものだけが民謡ではない。明治以降にも民謡は生れ、そして今でも民謡は作られている。

〽唄はちゃっきり節
　男は次郎長
　花はたちばな　夏はたちばな
　茶の香り
　ちゃっきり　ちゃっきり
　ちゃっきりな

きゃあろが鳴くんで雨ずらよ

（「ちゃっきり節」作詞　北原白秋）

この歌は静岡県の民謡である、といっても通用するが、実は日本最初といってもいいコマーシャルソングでもある。昭和になって静岡鉄道が北原白秋に依頼して出来た詞なのだ。

中村八大コンサートの民謡メドレーの曲目には「八木節」や「五木の子守唄」の間に「リンゴ追分」が入っている。美空ひばりのこの歌は我々にとって民謡であるというのが彼の持論だ。過去から現在にかけて歌われてきたものだけが民謡ではない。現在から未来にかけて歌われつづける歌も民謡なのである。

こうした形をより積極的に示しているグループに民謡歌舞団わらび座があり、新制作座がある。民族的遺産としての民謡を歌う為には、文字通り民族意識がなければならない。僕達に民族意識があるだろうか。神の国、大和民族というイメージは一発のピカドンに吹きとばされてしまった。あの時に十一歳だった僕は、民族意識を失った時のことをハッキリとおぼえている。

僕のふるさとの歌

民謡が民族の歌というと妙に固苦しくなるが、故郷の歌として考えたとしても、すでに実感はない。僕は東京生れの、東京育ちだが、僕にとって故郷の歌というのは「木遣り」であり「深川」であろう。

ＮＨＫ・ＴＶに「ふるさとの歌まつり」（司会・宮田輝）という番組があり、郷土芸能の紹介は日本再発見のような魅力がある。老婆が、ものがなしく、伝えられる民謡を歌う時にはふるさとを感じるが、スター歌手が手拍子で歌うような民謡にはただテレビに出ているから手拍子をうつというような、しらじらしい雰囲気を感じて寒気がする。今日、民謡は日本中の人に歌われるかわりに、その民謡を生んだ地方のものではなくなってしまい、かすかに若い時から歌いつづけてきた若人の身体の中でだけ息づいているのであろう。そうでなければ、故郷から離れた人が、故郷を偲んで口ずさむというやはり個人的なものになって生きているのだと思う。都会に働く人が「ふるさとの歌まつり」でふるさとを偲び、村の若人達はテレビに出ることで歌い忘れた歌を思い出すのだ。そこには「まつり」は無い。

かつて江戸以前だと大陸へ渡った留学生（遣唐使・遣隋使）あるいは防人《さきもり》、流人と特殊な人達が遠い故郷を偲んでいるが、江戸時代の場合、庶民特に民謡を支えてきた農民達は故郷を偲ぼうにも自分の土地を離れるわけにはいかなかった。土地を離れるということは人間としての資格をすて乞食として放浪することである。大道芸人とは、つまるところ乞食なのである。そして民謡はその土地の生活に密着した、その土地だけのものであった。祭を中心にした農耕生活の労働歌だから、旅芸人が歌うものにはならなかった。こうして民謡はその土地だけで歌いつがれてきた。

明治以降、多くの民謡が交流し、紹介され、レコードを通じ、ラジオ・テレビを通じて、多くの人に知られ、歌われ、その間に歌の内容は誰にでも都合のいいように変えられてきた。そして今や、その土地の観光用コマーシャル・ソングとしての役割を果しつつある。郷土芸能保存会というグループの中で民謡はますます保存されないであろう。

昭和四十三年、メキシコオリンピックが開かれ、その競技がカラーで宇宙中継されたが、それに先立ってＮＨＫの「ふるさとの歌まつり」がメキシコで制作放送された。司会の宮田輝が、あのにこやかな表情で、「日本の皆さん、今晩は、宮田輝です」と語りかけ、次々にメキシコの民謡が紹介された。カラフルな民族衣裳と軽快なリズム、爽やかな愛の歌、妖艶な恋の歌、太陽の国と自讃するメキシコの民謡の底ぬけの明るさ激しさに対して、宮田輝の表情の暗さが印象的だった。同じ宮田輝の表情でも、日本の民謡の中にいる時は際だって明るくみえるのに……。ここに日本の民謡の特色がある。

清く、正しく、美しく

デュークの歌をドリフターズが白組の応援歌に直して歌ったあとは、梓《あずさ》みちよ。

〽月夜の渚に　二人なの
あなたに甘えていいかしら
キラリキラリうねる　小さな舟で
私をどこかへ　連れていってよ
はるかな汐風につつまれて
誰よりすばらしい恋をしましょう

（「月夜と船と恋」作詞　有馬三恵子）

おォ宝塚

梓みちよは本来が宝塚音楽学校の出身であり、この東京宝塚劇場で男役になるつもりが、「こんにちは赤ちゃん」でスターダムに入った。

この宝塚少女歌劇団の創立が大正三年、すでに六十年近い伝統がある。今は「少女」をはずして「宝塚歌劇団」になっているが、舞台の上は女性だけであることはたしかだ。この宝塚少女歌劇団の初舞台は混浴を禁じられた大浴場の、浴槽のフタの上であった。宝塚温泉の風呂上りの客に対する余興として始まったのである。現在、全国各地にヘルスセンターがあって、一寸大きなところでは、専属舞踊団なるものがある。ひと風呂浴びて、若い娘の余興を楽しむといった日本人向きの遊びに着眼した小林一三のアイデアが日本中で生きているわけである。江戸の銭湯には湯女《ゆな》をはべらせた伝統があるから、日本人の娯楽と入浴とは密接な関係があるわけだが、この発想にプラスしたのが少年音楽隊である。

市中音楽隊、ジンタと呼ばれる宣伝演奏が盛んだった明治後半に、デパートが競って少年音楽隊をつくった。この人気にも注目したのであろう。宝塚少女音楽隊はこうして出発し、その初期は日本風の童話を歌舞劇にしたりしていたのだが、その間に小林一三はヨーロッパにスタッフを勉強にいかせ、そうした努力が昭和二年の「モン・パリ」で実るのである。こうして温泉の余興が急に洗練された欧風のショウに生れ変り、そうなるとファンも急増する。以後宝塚のレビューはパリのレビューを下敷きにして、又はそのままコピーして育ってきた。

「おォパリ、憧れのパリ」と外国の街の名前を連呼して、それで観客が熱狂したというのは、丁度浅草オペラのブームと共通しているものがあるようだ。浅草とオペラ、宝塚とレビュー、本来そこで育つ性質のものでないものが結びつき、その珍しさ、貴重さが当時の人々の求めるものと一致したということなのだろう。しかし、その後の発達は正反対で、浅草オペラは亡び、宝塚は残った。若い娘がどこやらの国の王子様に扮して、甘い恋を語り、正義の味方になり、傷ついて倒れ、恋人の胸に抱かれる時、客席は感動にむせぶ。日常生活の中に、何が足りなくて宝塚に熱狂するのか理解に苦しむのだが、これは宝塚なら無害であろうという娘達の親にも問題がある、と書いた外国人記者がいた。僕は外国人が奇異な目で宝塚をみるところは極《ご》く普通に受けとめる。歌舞伎に女形という特異な俳優を生んだ国である、女だけの劇団があって当然だと思う。ただ、僕の場合、そうした要素が芸能そのものの淫靡さを持っている点で「わが宝塚」なのだ。宝塚こそ、徹底したエロ・グロ、グランギニョールの舞台がつくれる所だと思う。

ミュージカルへの道

いつも一足おくれる松竹が同じような少女歌劇をつくったが、ここでは昭和八年にストライキが起ったりして大人っぽいところをみせている。闘争委員長は当時人気絶頂の水の江滝子で「輝ける委員長」などといわれた。

松竹の場合、ＯＳＫ（大阪）、ＳＫＤ（東京）と別れ、その後、ＯＳＫは日本歌劇団と変って変則的な公演をしているので、この女ばかりの歌劇団は東宝系の宝塚と、松竹系のＳＫＤが常時公演を持っていて、それぞれ黒字経営ということになっているが、親会社があればこその黒字で、独立していれば赤字だという。女性ばかりの歌劇団が特殊なればこそまがりなりに経営が成り立っているのだろうが、普通の歌劇団は決して黒字になることのない経営に苦しんでいる。明治二十七年、音楽学校の生徒による日本初のオペラを上演してから、帝劇オペラ、浅草オペラを経て昭和へ。藤原義江、三浦環というスターがいてさえ企業にはならない。もっとも歌劇は外国の場合でも国家の保護で初めて上演されているのだが、日本政府は保護しないかわりに税金をとる。踏んだり、蹴ったりなのである。

オペラとか、バレエが、日本の芸能として根をおろすにはまだ長い年月もかかるだろうし、かかっても根をおろさないかもしれない。歴史の上では浅草オペラという正式なオペラではないにせよ、熱狂的なファンを得ていたものを関東大震災以後見殺しにしてしまったことが悔まれる。浅草オペラの田谷力三に憧れてオペラ歌手になった藤原義江がすでに現役がおぼつかないのに、田谷力三の方はまだ若い声で浅草オペラの再現につくしている。個人的には世界的水準の声楽家がいても、観客がいないし、劇場もない。国家は長い間、保護はしなかったが税金だけはとり続けてきたのである。

戦後ミュージカルという言葉と共に音楽劇ブーム再来かと思われたが、外国のミュージカル映画がみられ、そしてブロードウェイの脚本を上演出来る今日、国産の音楽劇というのはかけ声ばかりで、失敗を覚悟してでなければ上演出来ないのが現状であり、それも商業資本よりも、アンダーグラウンド劇場や、自主公演で地味な努力が続けられている。中でも津軽ミュージカルという、津軽弁のミュージカル運動がもう十年も続けられていることなど、ミュージカルが日本に定着しつつあることはたしかなのである。こうしたミュージカル運動こそ、清く正しく美しい。

テレビがゆく

梓みちよの歌のあとは秋田からの中継で、男鹿《おが》のなまはげ、そして、山口県防府からの中継でお笑い講、それぞれ漫才の青空あきお・はるおの二人が現地から応援。

そしてＮＨＫ大河ドラマ「竜馬がゆく」と同じ題の歌を村田英雄が歌う。

〽打てば鳴るような男の意地で
花を咲かせた土佐なまり
国の夜明けに生涯かけた
思えば儚《はかな》い人なれど
天に声あり　龍馬ゆく

（「竜馬がゆく」作詞 赤城彗）

大正十五年のテレビ

北大路欣也主演のＮＨＫ大型時代劇「竜馬がゆく」にはテーマ・ソングがあっても主題歌はない。つまり村田英雄の歌は竜馬ブームにあやかるという形でつくられたものである。「花の生涯」以来のＮＨＫ大型時代劇路線の昭和四十三年度版としての「竜馬がゆく」（司馬遼太郎原作）は、途中で演出家が変るという事件が一番の話題になった皮肉作、そして、四十四年度は「天と地と」（海音寺潮五郎原作）が放送された。「竜馬がゆく」というタイトルを借りて「テレビがゆく」とした場合、四十三年度の話題は参院選のタレント候補、メキシコオリンピック中継、月面からの宇宙中継ということになる。そして年があけてからの東大安田講堂攻防の生中継は、あらゆる意味でテレビの存在感を再認識した。

これからのテレビが何をなすべきなのか。テレビはどこへゆくのか考える。

僕が二十歳の時、テレビの放送が始まった。僕が七歳の時、テレビ・ドラマの実験放送があった（昭和十五年「夕餉前」）。僕が生れる前、大正十五年に浜松高等工業学校で、日本最初の実験が行なわれ、画面に「イ」という字が写った。この時の画面が、そのまま石碑になり、ＮＨＫ浜松局内に建っている。テレビ関係者なら、この石碑の前にたって縦に走る三十本の走査線に浮いているイという字の碑面をみつめてみるべきだ。テレビ人は、大正十五年に「イ」という字を写しだした諸先輩の苦労を、そこにまかれた種を我々は立派に育てているだろうか。この「イ」の字の迫力は素晴らしい。それから四十四年縦に走る三十本の走査線は、横に走る五百二十五本の走査線に変り、色彩までつくようになった。大宅壮一の「一億総白痴化」に始まり、深沢七郎によると、「一流人はテレビに出ない、二流人がテレビに出る。そして三流人はテレビをつくっている」のだそうだ。僕は三流で時々二流になっているわけだが、本当にテレビというものは、そんなものなのだろうか。

テレビ大道芸論

「イ」の字に始まって宇宙カラー中継まで、テレビの発達は徐々にというわけにはいかなかったが、世界の、日本の社会情勢と歩調をあわせながら、技術的にも数量的にも発達してきた。皇太子の御成婚、東京オリンピックをキッカケに台数が飛躍したのも日本的な事情がある。皇室に対する尊敬と憧れと興味の根強さが再確認され、世界の選手を相手に戦う日本人を応援するという民族主義、親方日の丸の全体主義もまた健在だったことがわかった。そしてカラー・テレビ、UHF（極超短波）の時代になり、NHKはコンピューターによる番組管理の時代に入った。プロデューサーはパンチと番号の入ったカードを機械にさしこんで番組制作の為のあらゆる指令を受けるのである。

情報産業という言葉も常識になった。産業であるから経済の変動の影響も受けやすい、ということになり、例えば一九六七年、イギリスのポンドが暴落した。風が吹くと桶屋が儲かる式に日本のテレビ番組の質が落ちたという説まである。つまり、ポンドの暴落がドル防衛につながり、アメリカはベトナムも含めてドルを緊縮する。日本の産業でドルの援助を受けているグループも、その影響で財政引き締めをする。まず初めに宣伝費がへらされる。従って、番組の予算がへり、安価なものが求められる。こうして、落語家の珍芸という番組などは、ポンド暴落の影響だというジョークも通用する。

芸能史に戻ろう。テレビが芸と芸人に与えたものは何か、芸と芸人が失ったものは何かについて。

テレビとは新しい大道芸だと思う。大道芸とは人が集まりさえすれば、それで目的を達することが出来た。テレビの場合は視聴率である。この裏づけの貧しい統計表が、他に正確な調べ方が無いからという理由だけで神様のように尊重される。テレビのスタッフは視聴率という数字と合理化という事務上の処理の板ばさみになりながら、そして時には思想的な弾圧にも耐えながら番組を創ってゆく。最も平均寿命の短い人達なのである。これは、正確なデータで裏づけされている。時代の先端をいくようでいて、その内容は差別に耐えた大道芸人達と変らないのだ。出演者になると商品としての性質が加わるから、売れる人だけが優遇される。テレビで人気絶頂ということはたった一度しかないのだ。あきられて捨てられる。トイレット・ペーパーだと自嘲するタレントもいる。あらゆるジャンルの芸人がゴールドラッシュのカリフォルニヤのようにテレビという金鉱に集まって来て、やがてごく一部を残して去っていった。芸歴五十年という芸人が、今日芸人になりましたという若者に歯がたたないのである。「新鮮なのも芸だ」という新しい一条がこうして加えられた。

教養の娯楽化

現在、テレビで能・狂言・文楽などをみようと思ったら、一カ月に一回の放送があるかなしかである。もう、彼等は娯楽ではなく、教養のための存在なのである。テレビにおける教養というのが実にまた、あいまいなのである。各局とも全番組の二五％以上が教養番組でなくてはならないという規約がある。教養番組の視聴率が低い。低くたっていいのだが、そうはいかないとみえて見せかけの教養番組が氾濫する。一時間番組の最初の五分でニュースを伝えれば、あとはドンチャン騒ぎでも教養番組の枠に入るのが現実である。ニュース・ショウの娯楽化はとりも直さず教養の娯楽化なのだ。

ニュースが娯楽化されるくらいだから、政治が娯楽化されるのも当り前になる。これは結果的に素晴らしいことなのだが、青島幸男と横山ノック、この二人の芸人が参院選挙に大量の得票で当選する。この時にあった批判も、国会中継の視聴率をあげたことで帳消しになった。青島の芸人振りもさることながら、横山の場合は、職業政治家と対決するせっぱつまった素人の表情が素晴らしい。彼等の国会での態度は賞められてもけなされるべきではない。テレビ出身のテレビ政治家なのである。地方ボスと一緒にするべきではなく、テレビがもっと育ててしかるべきだと思う。今後の選挙には、全国区、地方区の他に、「テレビ区」というのを用意した方がいいと提案しておく。それとも、「マスコミ」と「ミニコミ」というようにわけてもいい。政治やテレビを大局的に考えないと、いまのままでは、テレビ出身の方が有利であることは事実である。テレビが有利というのは何につけよいものではない。テレビは竜馬のように殺されることはないからだ。

僕はテレビを大道芸になぞらえたし、ニュースを楽しむと書いたが、それが昔から貧しい人達の娯楽なのである。

貧しさとコマーシャル

日本は首相がいうほど豊かではない。みんながテレビばかりみている程度の豊かさなのである。旅行出来るほど豊かならこんなにもテレビにかじりつきはしない。特に家庭の主婦は平均五時間はみているという。その間に、いやというほどコマーシャルをみせられる。テレビ・コマーシャルはヒットすると売り上げは十倍にもなり、つぶれそうな会社がビルを建てるほどの威力がある。僕の世界でいうと、コマーシャル・ソングとは名ばかりの商品名を連呼するような歌詞にでも、十万円、二十万円支払われるというのがザラである。

しかし、依頼する方にしてみれば、十万や二十万の金で何千万、何億という増収を見込んでいるのだから高いと思っていない。なんやかんやで一千万円を越すコマーシャル・フィルムも珍しくない。不思議な世界というより他はない。

日本のスターでコマーシャルに出ていない人を捜すのは大変である。外国のスターでコマーシャルに出ている人はいないのではないか。コマーシャルはコマーシャル・タレントというように分業制であり、特にアメリカの場合はユニオンもあるから、ジョン・ウェインが「飲んでますか?」なんていうことはない（一九七五年、アラン・ドロン、サミイ・デビス・ジュニアにつづいて、スティーヴ・マックィン、カーク・ダグラスとスターが続々登場）。日本の場合はコマーシャルをやってスターになるケースがあるのだからご丁寧である。そして、日本では昔から芸人がコマーシャルをやっているのである。歌舞伎の「外郎売《ういろううり》」は団十郎のひいきの旦那が売っている薬のコマーシャルそのものであり、その調子で、菊五郎格子《ごうし》、団十郎もぐさ、扇雀飴などいろいろある。そして芝居のセリフの中に商品名をいれて宣伝することも普通だった。この他、劇場の緞帳《どんちょう》がそうである。これはひいきから贈られる引幕の習慣がそのままつながっているのだが、外国にはこんな例はない。お金さえつめば芸人は宣伝をするものという伝統があるのだから、日本の広告業者は楽なものである。偉そうなことをいっても、僕自身「××をどうぞ」なんていっているんだから、どうもその厚かましさは救いようがない。

とに角、悪口をどう並べても反省しても、テレビの時代ではある。テレビは時計代り、カレンダー代りにさえなって、ブラウン管をみて、今日は何曜日の何時だかわかる人が多いという。テレビが秒きざみなのはわかるが、僕達の生活も無意識の内に秒きざみにされてしまってはいないか。一寸した時間の狂いが気になったり、それでイライラしたりするようになってはいないだろうか。長篇の本を読む気力が無くなってはいないか。解説がないと頼りないと思うようになってはいないか。家族の会話がへっていると思わないか。「考えよう」と思わなくなっていないか。僕が気がつくだけでも、こんなに自覚症状があるのである。

あァ「テレビがゆく」。

興行師次郎長

〽好きで別れた　あなたのために
泣いて私は死にました
みれん海峡　未練を抱いて
あァ　ゆくは私じゃない私

（「みれん海峡」作詞　西沢爽）

なんとなく不幸な女の歌が多い扇ひろ子。白組はバーブ佐竹。

〽雨が降る降る　こころにも
涙の雨が降りしきる

傷つき倒れた　影だけが
わたしのそばから　離れない
ああ　また泣いてしまう　雨おんな
（「雨おんな」作詞　遠藤実）

珍しくグループ・サウンズ調の選曲をしたのが紅組の大将格、越路吹雪。

〽遠い空にかくれたイカルスの星よ
風の翼にのった　あの人を返して
誰の目にも見えない　美しい星を
ひとりで取りにいった　私の人
イカルスの星　イカルスの星
あの人をみたら帰れといって
この世でただ一度　めぐりあった星を
私の首かざりにしたいなんて

（「イカルスの星」作詞 岩谷時子）

興行師とプロデューサー

越路吹雪は、紅白歌合戦の会場である東京宝塚劇場の隣の日生劇場でリサイタルをやることが多く、常にその切符は売りきれる。四十四年一月の平幹《ひらみき》二朗《じろう》とのミュージカル「結婚物語」も連日満員という、興行師がよだれをたらす存在なのである。切符を売ることを考えないで済むタレントこそ、正しい意味でのプロタレントであり、逆に、いかに切符を売りさばいてしまうかが興行師の腕ということになる。企画と宣伝の勝負に賭ける意味では勝負師なのだが、最近ではプロデューサーという横文字になってサラリーマン化し、責任の所在が分散してしまった。責任をとらなくて済めば勝負師ではない。この興行というのは、勧進興行という形で生れている。寺社仏閣建立の為のチャリティ・ショウである。それは奈良時代の仏教政策にまでさかのぼるのだが、寺院に所属して働かされていた人達の中で芸能を演ずるグループ（座）が資金募集という形で行なったので、必ず金をとる必要から、芝居小屋の原型が生れた。つまり、舞台と客席にあたる部分があり、それをかこう柵（幕）が出来る。こうして芸能は青空の下の芸から変質してゆくのである。

劇場の変遷は劇場の項目で触れたので興行師の話だけをまとめる。江戸時代の場合、浅草の弾左衛門が関東一円の興行権を持っているところへ、宝永五年（一七〇八年）に京都四条河原の薩摩座が、弾左衛門に断わりなく房州で興行したことから暴力沙汰になった記録がある。この時は裁判で薩摩座の興行がみとめられたが、そうなると江戸の歌舞伎役者達が喜んで、四代目団十郎は「以後、河原乞食などと御心得違いなきよう」と宣言している。しかし、天保の改革では河原乞食なのだと思い知らされている。

歌舞伎の世界では興行師を「仕打ち」という。資本金を集めて、顔あわせを決め、舞台の幕があくわけだが、儲かればよし、儲からなければ、女房でも娘でも売りとばし、それでも駄目なら夜逃げ、追いつめられて自殺という話まである。このシステムがアメリカのブロードウェイでは今でもやっているプロデューサー・システムなのである。

義理と人情の興行界

さて明治五年、四民平等以後、最も活躍した興行師は守田勘弥である。彼は政治力とヤリクリにたけた男で、時の明治政府に喰いこみ、権威にへつらうことで歌舞伎を盛りあげることに成功した。かつて世阿弥が足利義満の寵愛を受けて、能を武家の芸にしたように、芸能が浮かびあがる前には必ず権威者にとりいっている姿があるものだ。こうして興行師の系譜は権力と結びつきながら、松竹、東宝、吉本、渡辺プロとつながってゆくのである。

明治十二年、守田勘弥は香港から混成の外国人劇団を呼んでいるから、「呼び屋」としても名前が残る。大阪の奥田弁次郎は千日前の興行師として、明治初年に海外に出かける芸人の斡旋《あっせん》もしているし、興行師としての次郎長ともつきあっている。明治二十六年に死んだ清水の次郎長は明治以降、東海一帯の興行師でもあった。講釈師あがりに一代記を書かせたのも興行師としてのつきあいがあったからである。木村錦花《きんか》の『興行師の世界』によると次郎長は芸人泣かせの興行師ということになっている。侠客、興行師、芸人というつきあいは昭和から現在にいたるまでつづくし、まだ暫くはつづくに違いない。松竹会長だった大谷竹次郎もピストルをふところにして興行をしたことがあると語っていた人だし、興行界での斬ったはったは、そのまま東映映画の材料になりそうである。山口組の田岡組長は三代目だが、二代目は広沢虎造の興行権のもつれで斬られている。長谷川一夫の頬を二枚に重ねたカミソリで斬った人も、今はプロダクションをやっている。芸人とのイザコザは最近の新聞沙汰でもご存知の通りだが、あながち興行師が悪いとはいえない。芸人の方にも彼自身チンピラという例は多いのである。勿論、これは芸能界の極《ご》く一部の話であって、戦後では近代的な企業としてスタートしたプロダクションもある。東宝が小林一三を筆頭にして興行を企業として考えていた反面、日本の興行界は意地と腕力、義理と人情のネットワークだったのである。軍国主義、右翼といったバックアップの時代では、浪曲をピークに彼等の天下だったが、戦後の芸能界では彼等の義理人情は通用しなくなりつつあるのが現状だ。

湯浅喜久治の死

義理人情の世界から、合理制一本槍の資本主義時代に体質をあわせるとなれば、侠客出身の興行師もプロダクション社長にと転身せざるを得なくなり、その過渡期にあたるというところである。

最近では外国タレントの呼び屋も新聞社をバックにしたプロデューサーとして活躍しているが、全くの一匹狼で活躍した人に湯浅喜久治がいる。彼はあらゆるジャンルの一流の芸人を集めて、ひとつの舞台に乗せた。モダン・ジャズ、地唄舞、漫才といった彼の寄席は毎年の芸術祭賞をさらったが、三十四年二十九歳で事故死。出演者も一流ならプログラムづくりにまで一流の和紙を選んでつかうという徹底した彼の姿勢と幅広い趣味があってこそ出来た仕事だが、「日本のジャズ」という意欲的な企画の中で疲れ果ててしまった。その後、大衆芸能の世界で彼を越すプロデューサーは現われない。何よりも彼には芸を育て芸を尊敬する精神があった。

芸人を愛し、金儲けもうまかった人に大阪の吉本せいがいる。大正から昭和にかけて寄席の世界に君臨し、稼げる芸人には惜しげもなく札束をきった。人気に金を払ったので、芸の伝承という面では欠点も出てきた。渡辺美佐がよく吉本せいに比較されるが、プロデューサーとしてはこれからの人である。万博のポピュラー音楽プロデューサーといった仕事よりは、日本の芸能の為に何をしたかという点で評価される時が問題である。

しかし、個人の力というよりは組織力を持ったプロデューサーの時代になりつつあることはたしかだろう。組織の中のワンマン・プロデューサーという形で菊田一夫がいたが、彼もまた最後のワンマンといわれそうである。

五郎・十郎、三木のり平

越路吹雪が歌い終るとノコノコと登場するのが三木のり平。毛糸の腹巻、ステテコ姿、傘の先に下駄をひっかけて、植木等を相手にしてトンチンカンな問答を繰り返し。

袴と下駄を並べて「ハカマ」「ゲタ」を連呼し、いつのまにか「アカマケタ」「紅負けた」という近来まれに苦しい故にひどくおかしい駄洒落で退場した。

三枚目の喜劇役者

三木のり平、コメディアンには違いないが、喜劇役者といった方がふさわしい。日大芸術学部を出て新劇を志した時期があったが、彼の顔が客の笑いを誘うので、いつのまにか三枚目ということになってしまった。初めから三枚目を目指した人と違うから、彼にはシリアスな演技がチラチラする。なんでもないおかしさが、観客には敏感に感じられるのだ。だから出て来ただけでおかしいということになる。出て来ただけというのは、コント55号が出てくるのとわけが違う。何もしないのにおかしいことなのだ。しかし、本当に何もしないのにおかしいということはない。何もしないと哀しいのであり、その哀しさがおかしくうつるのだ。つまり、三木のり平は哀しい役者であり、哀しいが故に、よりおかしいのである。これはチャップリンにも通じる一面だが、日本の喜劇の歴史には三木のり平のような喜劇役者が見当らない。渥美清をみて、曽我廼家五郎のようだという批評があるが、僕は五郎を知らないからわからない。五郎の相手役だった蝶六が出て来ただけでおかしい役者といわれた。

　この蝶六の芸談に「客をその場で笑わせるようではいけない、家に帰ってから笑うような芝居をさせたい」というのがある。寄ってたかって無理でも笑わせようとする今の笑いと較べて、この蝶六の演技を「笑い」を持続させていって家でそれを爆発させるというようにとれば、まさに神技といえる。斬った敵が暫く歩いていって二ツに割れて倒れるのと同じ理屈であろう。そんなことが将来出来そうなのは藤山寛美、三木のり平、渥美清、小沢昭一……。そして今、舞台を思い浮かべるだけで笑ってしまう人に松葉家奴《まつばややっこ》、千葉蝶三朗《ちょうざぶろう》、野村万作……。

曽我廼家喜劇誕生

さて日本の演劇史には明治まで喜劇というジャンルが無かったという本が多いので、僕もそれを受け売りして、狂言や、歌舞伎で笑わせる部分を喜劇にいれないことにする。当然、曽我廼《そがの》家喜劇以降ということになる。明治三十七年、それまで歌舞伎の大部屋俳優だった二人が、曽我廼家五郎・十郎と名乗って一座の旗挙げをする。この二人が一座をつくろうと思いたったのは明治十年から二十年代にブームになった俄《にわか》の一座が原因である。

本来、俄は仁輪加とも仁和賀とも、二〇加とも書くが、いうなれば即興のコントで素人衆の遊びであった。八十二歳で健在の一輪亭花咲《いちりんていはなさく》に聞くと、あんどんを手にして「にわかじゃにわかじゃ」と流して歩き「所望所望」と声がかかると、そこでコントをやってみせたという。樋口一葉の「たけくらべ」にも吉原仁和賀の賑わいが書いてあるが、大阪の方が一般的だったとみえる。博多俄は今も残るが、これはお上に対する諷刺が主だったので「目かずら」をつけて顔をかくした。発生は庭神楽ともいうが、本来は、「にわか」つまり「いきなり」やることに通じるのであろう。これを売れない役者が演じたことで人気が集まり、大阪に仁和賀芝居が生れる。川上音二郎にしても、書生仁和賀としてデビューしている。曽我廼家五郎・十郎という名からして、曽我兄弟のもじりということが歴然としている。つまりはもじりなのである。三木のり平が「日曜娯楽版」で名を挙げたのは即興のコントを演じてから、いうなれば、戦後のラジオでの仁和賀師だったことになる。

さて曽我廼家が「喜劇」という名前をつける前に、仁輪加芝居でつけていたタイトルは「愉快の親玉」「滑稽の生粋」という洒落たものである。

人情喜劇対ナンセンス喜劇

明治三十七年、曽我廼家の旗挙げと同時に喜劇というジャンルが生れ「喜劇役者」という言葉も出来た。

五郎・十郎は大正二年に分裂する。五郎が人情喜劇を目指し、十郎は本来の仁輪加芝居、今でいうナンセンスを目指したからである。以後、五郎は喜劇王といわれ、十郎は喜劇の主流からはずれてしまう。日本の喜劇を「泣き笑い」にした五郎の系譜は「松竹新喜劇」にうけつがれている。一方、昭和初期に「宇宙探険」や「タイム・マシーン」をとりいれた十郎の芸風は戦争もあって跡切《とぎ》れてしまう。

前後してエノケン、ロッパの登場である。テンポの早い動きで笑わせたエノケン、都会的センスの人情喜劇のロッパ、それぞれところを得て、五郎、エノケン、ロッパは親子会という会をつくり、五郎は二人に音楽がわからないことを嘆いたという。五郎は出囃《でばや》しで登場するが、二人は歌って登場するという差はあった。そして戦争。喜劇にとって最も不幸な時代を終ると五郎は死に、エノケン、ロッパは病気に苦しみ、喜劇という名前は渋谷天外《てんがい》の「松竹新喜劇」、そして藤山寛美が受けつぐ。僕の子供の頃の憧れキドシン、シミキンすでに無く、淀橋太郎、森川信《しん》のコンビが息の長さをみせた。そして寄席出身の金語楼。戦後ではムーラン出身の森繁久弥は喜劇出身という役者になり、音楽出身のクレージーキャッツ、ストリップ劇場からも八波《はっぱ》むと志《し》、渥美清、トニー谷といった人達が頭角を現わした。

　さて、三木のり平はラジオからテレビ、そして映画を渡り歩いて、森繁劇団の片腕というところに落ちついた。

いろいろいる中でコメディアンではなく喜劇役者というと藤山寛美、森川信、三木のり平、そして渥美清がいる。この中から「喜劇王」といった言葉を使うとすれば、藤山寛美ということになるだろう。森川、三木、渥美は「王」というより「騎士」である。

一寸、「王」の借金について触れておくと、昭和四十三年、個人で三億円というギャングが年末の話題をさらったが、個人で一億四千万円という借金を背負ったのが、藤山寛美。その借金に暴力団がからんだ為、松竹新喜劇のプリンスといわれた彼も退座を余儀なくされ、おりから渋谷天外の病気もあってミヤコ蝶々、南都雄二が補強に加入したがスムースには行かず脱退、再び藤山寛美が復帰して、日本の代表的な喜劇の劇団は再建された。そしてこの年、渋谷天外は新喜劇の作者、館直《たてなお》志《し》として菊池寛賞を受けている。天外の脚本、寛美の演技で新喜劇は安泰ということになるが、役者馬鹿としての寛美の将来は決して生易しいものではない。一億四千万円という常識では考えられない借金を新喜劇やテレビ・映画の出演料でどこまで返済していけるか、それこそ彼自身が喜劇、それもナンセンス喜劇の主人公になってしまう。

役者馬鹿と役者子供

役者を馬鹿に育てるのは歌舞伎の世界にも伝統として残っているのだが、新喜劇は曽我廼家喜劇そして歌舞伎という血筋をひいているので、決して突発的に寛美のような役者馬鹿が生れてきたわけではない。「役者馬鹿」の寛美と較べると、三木のり平は「役者子供」ということが出来る。だだをこねたり、すねたりはするが、そうした影の部分がのり平の演技をも屈折した、ひだの多いものにしている。新劇の舞台からラジオ、それも三木鶏郎グループというセミ・プロ、そしてテレビとキャリアは古いわけだが、この新劇出身という点で小沢昭一が続いている。

小沢昭一はひたむきに「芸人」になろうと努力する。その過程で「おかしさ」がにじみでる。芸人の素姓のいやしさを大切にしようということを理論的に実践している点で異色である。

渥美清は、大病で片肺を失った頃の生活は、どす黒い血がにじんでいる。しかし、彼の場合、その素姓に両足を踏んばった力強さと、その自信からくる笑顔で人を魅きつける。彼とテレビの演技の話をしたことがあるが、「テレビっていうのは演技の過程をみせることだと思う」という一言は印象的だった。

小沢、渥美に無くて、三木のり平にあるのが、色街生れの粋なところ。粋という日本の美意識は「骨っぽい」「艶っぽい」「さっぱりしている」というところに集約されるというが、のり平の演技にはこの要素が含まれている。でも彼は粋に登場することをしない。照れ性なのである。わざと野暮ったくしながら、裏地に凝るような遊びをみせる。人情喜劇（野暮）もナンセンス喜劇（粋）もこなせるのだ。五郎・十郎二人の仕事を三木のり平が受けつぐことを期待したい。だから僕は「ハカマゲタ」が「紅負けた」になるというひどい駄洒落にも笑うのである。

万国衛生博覧会

司会の坂本九が歌うのはＥＸＰＯ’70、万国博覧会の歌である。彼には彼自身のヒットソングがない。

〽こんにちはこんにちは　西の国から
こんにちはこんにちは　東の国から
こんにちはこんにちは　世界の人が
こんにちはこんにちは　さくらの国で
一九七〇年のこんにちは
こんにちはこんにちは　握手をしよう

死刑の観客

一九七〇年のＥＸＰＯ（万国博覧会）に先だつこと一、〇〇〇日前、東京と大阪の盛り場に、あと××日というネオンをつけて、万博開催日には0になるように逆算するようにした。どうせつけるなら大阪の「千日前」につけて、毎日、町の名前を変更してゆき、開催日になったら万博町とでも命名すればいいのにといっていたのは作家の小松左京。

この千日前は明治初期まで刑場として有名で時には生首が並べてあったり、心中者を裸のまま重ねておいてあったりした。人々は、その獄門や、晒し者を見物にいったりしたのである。詳しく書くと、千日前の交叉点安全地帯あたりに獄門の首が並び、大劇の前の通りを中心に墓地があり、芦辺劇場の入口あたりに非人小屋があったという。千日前だけではない。東京の鈴ヶ森、小塚ッ原。京都の四条河原。ここでは五右衛門の釜煎りショウとか勤皇の志士の死体が展示された伝統がある。

残酷映画が必ずヒットするのは、実際の人殺しが見られなくなったからであろう。磔《はりつけ》、火あぶり、断罪。丸橋忠弥、八百屋お七、近藤勇、といった人達がどの程度の観客を集めたか知りたい。公開死刑は現に中央アジア、中近東に残っているし、売店も出てお祭りさわぎだともいう。ついでながら、日本最後の首斬りは明治十二年の高橋お伝。浅右衛門はこれで失業した。

さて、明治初期の見世物にはまだこの残酷ムードが残っている。インチキネタで、首娘とか、蛇男とかいうのなら時には今でもみることが出来るが、本当の場合は法律で禁じられている。明治初年の千日前の見世物を並べてみると、棒呑み、砂絵、馬かけ、臍芸、藪知らず、鏡ぬけ、女力持、女剣舞、江州音頭、活人形、足芸、水芸、犬芝居、からくり人形、のぞきからくり、ロクロ首、蜘蛛男、蟹婆、蛇娘、仁輪加、雀芸、虫めがね屋、江戸名所写真、と並んでいる。時には「男女交接」や「それつけ、やれつけ」もひそかに公開されていたという。

日本の博覧会

「人類の調和と進歩」というテーマで万国博覧会が大阪千里丘で開催されるのが昭和四十五年。博覧会、展示会というのは、ゲテモノか、それともなんでもない陳列会のようなイメージがあって、家族そろって楽しみにいくような気がしないのが、平均的日本人の気分だった。それがモントリオールの万国博覧会の状況がテレビに紹介されて、巨大な遊園地、つまり、万国ヘルスセンターのようなものだとわかった人が多いようだ。とこれは僕を中心にしての話、明治時代の博覧会を知っている老人には、今度の万博はとても楽しみなものらしい。万博そのものは幕末すでにパリの万博に日本と薩摩が参加している。国内初の博覧会は明治四年、京都で開かれた。今でも続いている「都をどり」は京都の博覧会の余興として始まったものである。明治二十八年の京都の博覧会では、日本で最初の電車が走っているように、博覧会がある度に文明の利器が紹介された。明治三十六年の第五回大阪博覧会ではイルミネーション、アイスクリーム、冷蔵庫などが紹介され、明治天皇も冷蔵庫で冷えたビールをお飲みになったという。初めてラジオが公開されたのも大正十三年の上野の博覧会であった。昭和になると大きな遊びの要素をもった博覧会は無くなり、僕達の世代では先に書いたように博覧会というと、インチキな衛生博覧会のイメージが強くなってしまい、万博に対しては認識不足ということになるのである。そんなことが万博をもうひとつ盛り上らせない理由にもなっているのではないだろうか。

機械の芸

芸能史の面でいえば万博の「お祭り広場」というプランが楽しみだが、僕はもうひとつ展示されるであろう各種の機械をみるのも楽しみなのである。単に機械の動きだけをみようというのではない。例えば包装機械の見本市での体験なのだが、味噌をソーセージのように包んでしまう機械がある。機械の穴からニュルニュルと押し出される味噌をみて、女の子が恥ずかしそうに顔を伏せてしまうのである。どうしたって人間の排泄そのものなのだ。同じように性行為を連想させる機械もある。又、みてるとおかしくなって笑い出してしまう機械もある。相手が機械なのに、その機械の動きに人間の感情や行為を感じるということは、機械が笑わせたり、泣かせたり出来るということになる。猥褻に動く機械を置いておけば、ストリップ劇場は人件費が安くなりはしないかなどと思ってしまう。

勿論、ジェット機のデザインの美しさに感嘆するように、会場の建築物などの線も鑑賞に耐える。僕はそうしたものも芸としてみて歩きたいと思っている。未来において、科学の発達の中で人間らしさを失わないということは、機械の中に人間らしさを発見することだとも思うのである。間違っても人間に機械らしさを発見してはいけないのだ。

ヒットソングの系譜

坂本九に続いて紅組司会者水前寺清子。例によって人生の応援歌。

〽丸いお金や四角い義理が
人を泣かせる渡世でも
たった一つあるんだ　おいらだけの花道が
男でゆこうヨイショヨイショ
よいしょでゆこう

（「男でよいしょ」作詞　星野哲郎）

そして白組は有線放送大賞という文字通り、夜と年上の女向きの歌手、森進一。

〽花が女か　男が蝶か
蝶のくちづけ　うけながら
花が散るとき　蝶が死ぬ
そんな恋する　女になりたい

（「花と蝶」作詞川内康範）

歌謡曲の寿命

昭和四十三年、最もコンスタントにレコードの売れた歌手は森進一だという。爆発的という意味ではピンキーとキラーズということになるが、どう売れても歌謡曲は一年間ともたないで消えてゆく。僕個人を例にしても、「黒い花びら」「上を向いて歩こう」「こんにちは赤ちゃん」とそれぞれ百万枚を突破したといわれたが、今ではなつかしのメロディにも出て来ない。「こんにちは赤ちゃん」などは相当に歌いつづけられると思ったが駄目だった。ひとつには歌手が歌わなくなることもある。日本の歌謡曲歌手は新曲を追いかける自転車操業で、東海林《しょうじ》太郎《たろう》の如く「赤城の子守唄」を三十年以上歌いつづけたというのは極めて珍しい。ひとつの歌を歌いこんでうまくなるといった芸の持ちあわせがないのか、それほどの歌ではないのか、どちらにしても最近の歌は寿命が短い。

「雪の降る街を」という歌がある。高英男がＮＨＫのラジオ歌謡で歌って以来、冬になると必ず歌われる。日本の「ホワイトクリスマス」のような歌だ。歌曲に近い曲風だが珍しい例である。

日本の歌が流行っては消えるということは、逆にいうと明確に思い出につながる便利さはある。僕の世代では「リンゴの歌」（並木路子）、「東京ブギウギ」（笠置シヅ子）は忘れられない。この二人の銅像を建てたいほどである。そして同じく焼跡で聞いたジャズ。「バッテンボウ（ボタンとリボン）」「アゲイン」「ドリーム」など、だらしが無いが聞くたびに胸がつまって涙ぐむ歌なのである。戦中派の軍歌と同じ心情で聞くということなのだろう。

ミニコミとマスコミ

流行歌という形では明治初期の俗曲。中期から大正にかけての演歌師の歌などミニコミの世界でひろまったものが、大正三年の「カチューシャの歌」以後は、レコードによる全国的なヒットが狙われるようになり、戦前は中山晋平、古賀政男がヒットメーカーとして競いあう。レコードに較べると添田唖蟬坊《あぜんぼう》の仕事はクチコミだけでよくぞヒットソングにしたと驚くばかりである。数字でいうと「カチューシャの歌」は三十万枚売れたという。ラジオ・テレビの無い時代でこの数字はいかに大ヒットかというと、ラジオのある昭和四年の歴史的ヒット「東京行進曲」が二十五万枚。戦後の「リンゴの歌」があれだけ流行して五十八万枚という数字になっている。それぞれテレビ時代の今日だったら軽く百万枚を越すであろう。

ついでに戦後の毎年のトップ売り上げをメモすると（数字は各社の公表と推定）。

昭和二十一年	リンゴの歌	五八万枚
	星の流れに	八〇万枚
二十二年	異国の丘	五〇万枚

	港がみえる丘	四五万枚
二十三年	東京ブギウギ	八〇万枚
	銀座カンカン娘	八五万枚
二十四年	トンコ節	五五万枚
	悲しき口笛	三五万枚
二十五年	白い花の咲く頃	二二万枚
二十六年	リンゴ追分	六五万枚
二十七年	芸者ワルツ	八五万枚
二十八年	思い出のワルツ	一五〇万枚
二十九年	お富さん	八〇万枚
三十年	月がとっても青いから	七〇万枚
	おんな船頭唄	六〇万枚
三十一年	愛ちゃんはお嫁に	七〇万枚
	哀愁列車	五〇万枚
三十二年	チャンチキおけさ	一二〇万枚

	有楽町で逢いましょう	九五万枚
三十三年	からたち日記	三三万枚
三十四年	南国土佐を後にして	八〇万枚
	黄色いサクランボ	四五万枚
三十五年	潮来笠	八三万枚
	誰よりも君を愛す	五四万枚
三十六年	上を向いて歩こう	一〇〇万枚
	スーダラ節	六〇万枚
三十七年	王将	一〇〇万枚
	いつでも夢を	一〇〇万枚
三十八年	こんにちは赤ちゃん	一〇〇万枚
	高校三年生	一〇〇万枚
三十九年	お座敷小唄	一五〇万枚
	柔	一〇〇万枚
四十年	女心の唄	一〇〇万枚

まつのき小唄　一〇〇万枚
四十一年　君といつまでも　二〇〇万枚
骨まで愛して　一〇〇万枚
四十二年　帰って来たヨッパライ　二〇〇万枚
世界は二人のために　一五〇万枚
四十三年　恋の季節　二〇〇万枚

昭和三十六年あたりから百万台が並んでしまうし、二百万も軽くなっているが、レコード会社の公表というのは、このぐらい売れたらいいなという希望の数だという説もあるから、あてになるものではない。しかし、視聴率と同じであてにならなくても参考にはなるということで並べてみた。

ここに並んだヒットソングをみていると、後半になるにつれてテレビで歌われて流行ったことが思い出せるが、「帰って来たヨッパライ」だけがその個性でラジオから流行ったのは注目に値いする。

うたごえ運動

そして、ここには並ばないし、マスコミの力を全く借りないで歌われた歌のあることも忘れてはいけない。例えば、ロシア民謡「カチューシャ」である。終戦後、シベリアからの帰還者によってつくられた楽団カチューシャが、「カチューシャ」を紹介した。

〽リンゴの花ほころび
川面に霞たち
君なき里にも
春はしのびよりぬ

（「カチューシャ」作詞 関鑑子／補作詞 丘灯至夫）

楽団カチューシャは、今僕達が親しんでいる「トロイカ」「カチューシャ」といった一連のソビエト民謡を紹介し、それをうたごえ運動に結びつけ、電波やレコードの力を借りることなく日本中に流行させた。

「うたごえ運動」はソビエトから引き揚げの始まる前の昭和二十三年、共産党による青年共産同盟が発足し、そこに中央演劇学校が生れ、合唱団が出来た。レーニン賞を貰った関鑑子《あきこ》がリーダーである。いずみたくはここで合唱団の伴奏をし、文化工作隊の仕事をしている。やがて「日本のうたごえ実行委員会」が出来て、芥川也寸志《あくたがわやすし》や、林光《はやしひかる》の協力があった。民族歌舞団として全国を巡演している「わらび座」もこの系統である。

そして、労音（全国勤労者音楽協議会）という鑑賞団体が生れ、日本の音楽はマスコミとは別に大きな流れを持ち始めるのだ。今では日経連系の「音協」、創価学会の「民音」と鑑賞団体も増えた。こうしたグループの中から流行り始める歌が生みだせれば、レコード会社も売れればいいだけではすまなくなってくるのだが……。

〝本誌独占緊急特報〟

紅組は日本レコード大賞受賞作品。黛ジュン。

〽好きなのにあの人はこない
話相手は涙だけなの
幸せはオレンジ色の
雲の流れに流れて消えた
私の唇に人さし指で
くちづけしてあきらめた人
ごめんなさいね　あの日のことは
恋の意味さえ知らずにいたの

（「天使の誘惑」作詞　なかにし礼）

白組の真打ちは去年の三波春夫に変って、橋幸夫。殺陣のうまいところをみせる。

〽これで喧嘩は　あの済みやした
さらばでござんす　お達者で
一羽がらすか　一つのしみか
赤い夕陽の三度笠
消えて行くのが　この身を引くか
旅でござんす　お雪さん

（「赤い夕陽の三度笠」作詞　佐伯孝夫）

水前寺清子が最後に紹介するのは美空ひばり。

〽愛しいあなたよ　私が死んだら
なきがらを　誰にも指をふれさせず
額にくちづけしてほしい
それが私の幸福なのよ

（「熱禱」作詞 川内康範）

スキャンダルの女王

美空ひばり。昭和十二年に生れ、二十四年「悲しき口笛」でデビューして以来、二十年間、人気歌手である。家族を含めてスキャンダルの中で生きぬいても来た。「魚屋の小娘が」といった感じで叩かれながら、逆に材料を提供した。離婚問題、弟の非行問題、暴力団との問題、その多くが彼女にとって不利なのにもかかわらず、母親と二人でくじけることはなかった。僕はその点だけでも彼女を芸人として高く買う。

女性週刊誌、芸能週刊誌を中心にしたスキャンダル・ジャーナリズムがスターのプライバシーに挑戦しつづける。その理由はなぜなのだろうか。知りたいものを知らせるという原則には違いないが、なんでも「知られたがる」スターが、都合の悪いことだけ「知らせたがらない」のは、どうみても勝手すぎる。スターにプライバシーがあるか、それとも無いかという問題は、スターも人間なのだからあるという方向に向っているが、これは実にあいまいな表現である。「有名税」というこれもあいまいな表現があって、これはもっぱらあきらめる時につかわれている。プライバシーがあると答えるスターを守る為に、法務局人権擁護部があるが、ここで芸能界・スポーツ界のスター七三〇人に「プライバシー侵害についてのアンケート」を送ったら、回答者一九六人、その七割が被害を受けたと報告しながら、法廷闘争にしたのは二件だけだった。法律家は、この数字だけでいうと、スターはプライバシーを守ろうとしていないといえるとまでいっている。

ハレンチの主役・芸能人

僕は四十四年二月十日、突然の依頼でＮＨＫ・ＴＶの連想ゲームに出演した。あとで聞いたら荒木一郎（歌手）のピンチヒッターとして出たことがわかった。荒木は二日前の八日、強制猥褻《わいせつ》罪で逮捕されてしまったのである。しかし、結果として不起訴に終った。僕は彼のピンチヒッターをつとめた関係で二、三の週刊誌記者のインタビユーを受けた。その時に僕は、暴行はよくないという常識的な返事をした。本当は「芸人は非常識でもいい」と答えたかった。芸人という言葉には社会人ではないという意味が含まれているのである。

だから、今まででも不祥事を起したタレントが、そのあと仕事を失うのは残念でならない。二月十七日、読売新聞は「ハレンチの主役　芸能人」という記事を載せている。そこに並べられたのは、荒木一郎を筆頭に、恐かつ罪のルーキー新一、酔っ払い運転の曽我町子・守屋浩、ピストル関係の平尾昌晃・石原裕次郎・本郷功次郎・小野透などで、その記事の下の見出しには「今度は中村賀津雄」と酔っ払い運転を報じている。こうして記事になってみればなるほどと思うが、決して「主役」ではない。

悪いことを悪いというのは当然だが、当人達が悪いと思っていなかったことを、悪いというのは、もう少し説明を必要とするのだ。芸人がその育ち方の中で、よくいえば天才教育、悪くいえば馬鹿に育てられている事実こそ重要視されなければいけない。そこまで面倒がみられるかということにもなろうが、芸人側には「運が悪かった」「有名税だよ」という周囲があるのである。そして、その主役こそ、女性・芸能週刊誌なのだ。

スキャンダルは永遠に

芸能雑誌記者が中心になって出しているゴールデン・アロー賞という賞があり、その中に取材協力賞というのがある。恩着せがましい感じがしていやな賞だが、どうせのことなら取材に一切応じないタレントにも賞を出すべきである。とに角、政治・経済の報道に較べると中立公正ということが無いのが芸能ニュースで、A誌が事実だといえば、B誌は嘘だといい、C誌は果してどっちだろうと、それぞれに「本誌独占緊急特報」が載せられる。

荒木一郎の犯行は許せないが、といった次の週に、平気で弁護にまわるのだ。僕自身、スターでもないのに、歌手のAを妊娠させたと書かれたことがあり、抗議したら、待ってましたとばかり反論を書かせられ、都合二週間のネタを提供させられた。こんなことはザラで、怒ってなんかいられないというところが多くのスターの本音である。取材になんか来ないで「永六輔談」が平気で出されるのは、僕なんかでも慣れてしまって笑っている。慣れあいなのだ。芸能ジャーナリズムはスターを売り出し、スターをつぶし、さらに「あの○○が」という見出しで三回は利用出来るという。

プライバシーを書かれて怒るスターは、プライバシーを公開する同業者をまず怒るべきである。スキャンダルを書く側が反省することは絶対にないのだから。

僕たちに祭りはあるか

美空ひばりが歌い終るとファンファーレが鳴って「さァ勝利の栄冠は果して紅白、どちらの組に輝くでしょうか」と宮田アナが委員長と得点を示すボールの入った箱を舞台中央に招く。

坂本九、水前寺清子の二人が、それぞれの箱からボールを数えながら投げる。

そして投げ残った白組の勝ち。この一瞬水前寺清子は涙をこぼす。

ファンファーレが鳴り、優勝旗とトロフィが坂本九に手渡されて拍手が盛りあがると、

「紅白歌合戦が終れば今年もはや残り十五分たらず、二度と帰らぬこの年一九六八年を螢の光で送ることにしたいと思います。指揮は藤山一郎サン

です」

宮田アナウンサーの司会で舞台と客席の「螢の光」の大合唱。

こうして祭りは終った。

お祭り騒ぎの国民的行事

「祭り」という名で紅白歌合戦を呼んでいいものかどうか。僕達にとって祭りとはなんなのだろうか。

かつて祭りというものは体制の抑圧に対する欲求不満の爆発という形で伝えられてきた。中村錦之助の映画「祇園祭」でも祇園祭は体制に対する市民の意思表示として描かれているのだが、昭和四十三年の祇園祭の現実は果してどうであろうか。

京都祇園祭はこのところ毎年二十万人の人出があるほど盛んである。鉾《ほこ》の巡行がそのクライマックスなのだが、その鉾をひく若者に聞いてみた。

「この祭りに参加する意味は？」

「一日で千八百円くれるんです。大学の運動部で請け負って部費のタシにするわけで、この鉾をひっぱるのはみんなアルバイトですよ」

祭りにスポンサーがついたり、そこに参加している人間がアルバイトだったりするのは常識になってきたようだ。本来、宗教の儀式なのだから信仰心に支えられたものでなければ無意味なのだが、今、そういう例をさがそうと思ったら、創価学会の文化祭とか、ＰＬ教団の花火といった新しい宗教団体で味わえる。創価学会の文化祭の、そこに参加する人達の熱気は、デモに参加する三派系全学連に負けない気迫がある。その機動隊と乱闘するエネルギーにも似た祭りが、どうして無くなってしまったのか。我々が祭りを見物人、観光客としてしか楽しまなくなってしまっているのは何故か。僕自身でいうと、神田生れの浅草育ち、日本一巨大な神輿《みこし》がある鳥越神社の氏子である。下町だけにアルバイトを雇ってかつがせるようなことはないが、交通規制などがからんで整然と行なわれる。怪我人の一人や二人は出るような激しさがほしいのだが、警官のスピーカーがどなる。

「光化学警報が出ています。危険ですから、静かにかついで下さい」

なんのことはない刑務所の中の祭りのようなものである。

祭りのクライマックス

群衆が特定の方向に歩くということは、それぞれの目的と関係なく、共同体という連帯意識が働きはじめる。例えば初詣での混雑である。「ゆく年くる年」の中継でおなじみだが、明治神宮では百万人を数えるという。近世までの祭りでは個人というより村全体、町全体がひとつの祈りを捧げる為に参加してくる。祇園祭とは厄病を払う為の祭りであり、農村では豊作を祈り、豊作を感謝する祭り、あるいは盆踊りといった形で、この場合は住民すべての参加に意味があるわけだが、都会生活のサラリーマンや学生が、共同で祈るといったら、平和を祈ってデモに参加するか、気分転換の為の初詣でぐらいである。

現代において祭りは内容の意味が無くなり形式だけが残り、その形式だけを観光資本が支えているケースが多くなっている。しかし、その形式の中にも芸能の姿はある。加持祈禱というおどろおどろした儀式はやっぱり、ひとつのショウである。初詣でで黒柳徹子と豊川稲荷に出かけて護摩をたいて貰ったら、その祈禱が終った時、彼女は拍手をして「まあ、お上手ねェ！」といいヒンシュクを買ったが面白かった。

教会のクリスマス・キャロルにしても立派なミュージカル・ショウである。結婚式、葬式、みんなショウとしての構成を持っている。エネルギーの無いショウは意味がないのだが、そのエネルギーは信仰からくるばかりではなく、群集心理からくるマス・ヒステリアという状態の場合にも生れてくる。民衆のエネルギーというのは、多くは意識のあるものではなく、初詣でと同じでなんだかわからないけど一緒に騒ごうという野次馬のエネルギーである。こうなると演出次第でどうにでもなる面が出てくる。秀れた扇動家がいれば祭りは成功するのである。俗にいえば盆踊りの音頭とりだ。芸人の言葉でいうとショウアップ、クライマックスへの盛りあげ方はあらゆる芸能の中で考えられている。紅白歌合戦でいえば、最後のボールの投げあいが、どちらか片方になる瞬間がクライマックスであり、そのあとはエンディング。よく祭りで死傷者が出るのはこのクライマックス前後なのだが、今では警察が、危険だからという理由で、クライマックスをさけてしまう。これでは何の為の祭りだかわからない。

岡山、西大寺の裸祭りに行ったことがあるが、真冬、雪まじりの境内で一万人近い裸の若者が神木を奪いあうエネルギーに圧倒された。何百年の間、死傷者が無いということを聞いたが、緊張度の高い祭りには怪我人も出ないものなのだ。裸体から吹き出すような汗に彼等が白い水蒸気に包まれてしまうのだから想像を絶する。そのような感動は、祭り以外ではデモと機動隊との乱闘があるだけである。野次馬根性だけでいえば、西大寺よろしく裸の色わけをし裸同士でぶつかりあってほしいと思う。それが、昔、祭りが果した役割でもあるのである。

祇園祭は民衆の手によって復活され、今に伝えられているが、今度必要なことは同じ民衆の手によって祇園祭をつぶしてしまうということでもあるのだ。こうしてみると、誰がいいだしたのか紅白歌合戦を国民的行事とか、祭りというのは間違っていることになる。紅白歌合戦が僕達にとって本当の祭りになる為には、やっぱり、歌を歌手から取り戻すべきであろう。僕達が、観客がその年に流行した歌を合唱し、踊り、それを歌手が応援するようになったら素晴らしい。そして、そうなった時には本当に芸のある歌手だけが生き残るであろうし、そうした歌手なら客席を熱狂させるということにもなるのである。

ゆく年くる年

テレビの「紅白歌合戦」が終り、画面は「ゆく年くる年」になった。除夜の鐘が鳴る。僕の芸能史も一応ここで終ろうと思う。それぞれのジャンルの芸能史は立派な本が沢山あるから、ソチラを読んでいただきたい。僕の場合は、あくまで「紅白歌合戦」をみながらの雑談として受けとって下されば幸いである。

以上、テレビの現場の人間が紅白歌合戦の画面から何を受けとめたか、そして、これから何をしなければいけないのだろうと迷いあぐねているエッセイであった。

おわりに

……というわけで、この本は昭和四十三年の紅白歌合戦をみてから書いたものである。

そして、当時、僕はテレビのスタジオで働いていた。

その後テレビからラジオへ、さらに中年御三家を経て、昭和五十年には芸能座の旗挙げに参加して、舞台を踏んだ。

本を書いてからすでに七年の時が流れているから、最後の「往還録」には、その分だけを補足した〔中公文庫版では「往還録」は割愛〕。本文の方は読み直して、青くささを感じたが、初めての書き下ろしという筆の勢い、気負いもあり、ある時期のテレビにせきとめられた芸能史という意味では面白いだろうと、手を加えないことにした。

ここにある日本の芸能史の素姓の後めたさを、歴史の中でどう受けついで行くかが僕達の明日の芸能を決めていくことになる。世界を例にとった場合でも芸能ならびに芸人が同じ差別で育っている例は多い。多くの大衆歌曲、ブルース、タンゴ、サンバ、ボサノヴァといったものがスラムから発生していることでもわかる。ジャズにしたってギャングと売春婦に育てられた。ここでも芸人とやくざと女郎は一身同体なのである。

　過去はどうであれ、現在の芸人の位置を考えた場合、資本主義国家と社会主義国家との違いは歴然としている。僕達はソ連から来る芸人の肩書に「人民芸術家」「人民功労章」といった言葉のついていたことに新鮮な驚きを感じたことがある。人民芸術家が綱渡りをしたり、奇術をみせたりする、そういう社会主義国家の一端を奇妙にさえ思った。ソビエトで尊敬されているのは革命家、科学者、そして芸術家なのである。ソ連人はレーニンの思想、宇宙衛星の科学、数々の秀れた芸能作品、この三つがソビエトで誇れる世界一だという。しかし僕は決してソ連の芸人が一番素晴しいとは思わない。アメリカも、フランスも素晴しい。アフリカでも、ブラジルでも素晴しい芸人がいる。日本の芸人が一番素晴しいかもしれない。ニューヨークのミュージカル、パリのボードビル、ケニヤの民族舞踏、ブラジルのカーニバル、フランク・シナトラ、地唄舞の山村楽正、モスクワのボリショイ・バレエ、桂文楽、市川寿海、渥美清、木の実ナナ、竹田扇之助の糸操り、北京の曲芸師達、サモアのダンサー、バレンシアのフラメンコ、……みんな素晴しい。
素晴しい芸が世界中にこんなにもあるのに、その芸が、素晴しい世界をつくることに役に立っていないのではないか。これだけの芸があればテレビがもっと素晴しくなるべきであり、僕はもう一度、スタジオで現場の仕事に取り組まなければいけない。
いつ、そんなチャンスが来るかわからないが、僕は放送の現場で育てられたのだ。
昭和五十年七月
永　六輔
(昭和四十四年　番町書房より書き下ろし刊行)

解説

児玉竜一

今から五十五年前に、永六輔がたった一人で日本の芸能史を語り尽くそうとした野心作である。研究が細分化した近年では、一人で歴史を語り通すのが難しくなっており、細部の正確さのために分担執筆で安全を図り、読み物としてはつまらなくなるという蟻地獄《ありじごく》に陥りやすいので、まことに爽快極まりない。当時でも芸能研究の専門はそれぞれに分化していたが、河竹繁俊《かわたけしげとし》『日本演劇全史』（昭和三十四年四月二十四日岩波書店刊）のように、一人ですべての歴史をカバーする巨人がいた時代に近く、また、分野によっては概説史さえも編まれていなかった。

昭和四十三年十二月三十一日の紅白歌合戦を基軸として、本書の叙述は進められる。この年の十月二十一日に新宿騒乱事件、翌四十四年一月十九日に東大安田講堂が落城、その間の大晦日《おおみそか》ということになる。午後九時のスタート（紅白が午後七時台から始まるようになるのは平成元年である）から、司会者宮田輝（当時のミスターＮＨＫ。のちに参議院議員となる）に始まって、出場する歌手、歌われる歌の内容、応援にかけつける面々、審査員の顔ぶれなど、画面に映るありとあらゆる要素を芸能ジャンルと結びつけて網羅するという、鮮やかな手並みを見せつける構成となっている。

登場するジャンルや話題を、順に列挙してみよう。

海彦山彦、放浪芸能、侠客、大道芸、能、狂言、劇場、中継放送、アナウンス、行進、スポーツ、プロとアマ、踊り（ストリップ、洋舞、バレエ）、芸名、口上、漫才、軽演劇、万歳、色物、ラジオ、話術、放送、レコード、ショウ・ビジネス、花街の芸、洋楽（ジンタ、オペラ、ジャズ）、落語、話芸、説教、講談、宇宙中継、塔、浪花節、映画、錦影絵、活弁、新派、新劇、新国劇、日本舞踊、家元制度、体操競技、邦楽、娘義太夫、人形劇、放送禁止歌謡、検閲、歌舞伎、民謡、宝塚、ミュージカル、テレビ、教養の娯楽化、コマーシャル、興行師、プロデューサー、喜劇、見世物、博覧会、歌謡曲、うたごえ運動、スキャンダル、祭り。

いろいろと、今日とは違う条件を説明しておかなければならないのは、当時の紅白歌合戦は当時視聴率八十パーセントをこえる国民的一大行事で、この中に登場する事象は、国民誰もが知っているものと、ひとまず考えてよいこと。その紅白を、永六輔は片山津温泉のブラウン管の前で見たと書いているが、録画によって見返すことは当時不可能なので、登場する事象、構成、人名その他、あらゆる情報は、一回限りの視聴によって書き留められたであろうこと。そして、番町書房出版の単行本の奥付は「昭和四十四年五月二十日」とあるので、大晦日からの執筆の怒濤の勢いもまた、推して知るべしということ。

今日の目で振り返っても、近代以降の日本芸能史のトピックスは、ほとんど言及されている。その見事さにあらためて瞠目《どうもく》するとともに、ほとんどの事象が細々とした説明抜きで、あれよあれよと並んでいく壮観にも注目したい。それはまるで、「五七五」に「七七」をあわせて、さらに「五七五」を重ねてゆく連句の呼吸のようで、並べる側の永六輔の才気もさることながら、読む側に膨大な前提知識が（おそらく無意識裡に）あったことをも意味するからである。その意味では、文中かなり手厳しい評言が、主に伝統芸能に対して浴びせられるが、どれほど厳しく接しても、本体はまだまだ揺るぎもしないという幸せな時代であったともいえる。

和田信賢《のぶかた》、藤倉修一、徳川夢声、島村抱月、中山晋平、川上音二郎、石田天海、天勝、エノケン、ロッパ、ターキー、ジプシー・ローズ、トニー谷、延々と際限なく続く固有名詞の波を、初版当時は同時代の延長上で知っていただろうが、二〇二四年の現在、初めて芸能の歴史などというものに出っくわす読者は、どう受け取るべきか。もちろん、固有名詞が通じなくても、永六輔が繰り広げる芸能パノラマは充分に堪能できるのは、本書が「芸能史」をうたいながらも、まともに時系列を追うのではなく、いつの間にか見識を積み上げる、非体系的な螺旋階段式の叙述を採用しているからである。とりわけ、芸術よりも地に足をつけた立ち位置を目指している点で、「芸人たちの」という立場が貫かれていることは、明らかに受けとめられるだろう。

なぜ、そんな叙述を採用したのかを考える際に忘れてはいけないのは、本書を書き下ろした当時、昭和八年生まれの永六輔は、まだ三十五歳であるということである。放送作家として、作詞家として、すでに知らぬ者はない。ただ、放送作家の地位は今ほど高くない。「軽佻《けいちょう》浮薄《ふはく》と焼印を押されたテレビ作家」と自分で書いている通りであろう。昭和四十三年十二月三十一日の時点で、芸能方面の直接の師にあたる安藤鶴夫は六十歳、関東関西にまたがって古典から前衛を往来した武智鉄二は五十六歳、螺旋階段式叙述をはじめ最も影響を受けたとおぼしい戸板康二は五十三歳。時代を追って体系的に芸能史を叙述するとなれば、恐ろしい壁のような先輩がうようよいるのである。そのような先輩に対しては、ほほう、そう来たか、という永六輔の手練手管そのものが挑戦であり、そんな年代に永六輔が、時代の尖端をゆくテレビの現場の立場という、他の誰もが取り得ない立ち位置から、芸能史の現在形を横に薙《な》ぎ払《はら》ってみせたのが本書なのである。方法そのものが読みどころという所以《ゆえん》である。

永六輔は本書と並行して、芸人のエピソードを書き抜いた『芸人 その世界』（昭和四十四年四月十日 文藝春秋刊）を準備している。その後記「おわりに」では、「この『芸人 その世界』は僕の書こうとする芸能史の別冊付録にあたる」「付録の方が先に本になってしまったという、やっぱり僕には後ろめたい本なのである」などとうそぶいている。その「僕の書こうとする芸能史」が本書だろう。つまり、本書は『わらいえて 芸能100年史』（昭和四十年八月一日 朝日新聞社刊）に続いて、永六輔が日本の芸能への見識を深めるべく独学を続けた日々の産物、ということになろう。

本書は、大宅壮一監修「ドキュメント＝近代の顔」というシリーズの二冊目にあたる。ちなみに「近代の顔」シリーズは同じ昭和四十四年に、伊藤桂一『兵隊たちの陸軍史——兵営と戦場生活』、末永勝介『近代日本性豪伝——伊藤博文から梶山季之まで』、城山三郎『野性的人間の経済史——安田善次郎から松永安左衛門まで』が出ている。永六輔の本書は、のちに文春文庫（昭和五十年十二月二十五日）から刊行された。

番町書房の単行本版は、グラビアとキャプションがかなり戦闘的で、国立劇場と状況劇場の紅テント、美輪明宏（当時は丸山明宏）と中村歌右衛門、裸祭りと全共闘などを並べて、時代の空気を醸し出しており、巻末には芸能人二百人に出したというアンケートの回答「百人のアンケート」もある。単行本から文春文庫に収録される時点で削られたのは、このグラビアとアンケート、そして「河原乞食から人間国宝まで」という副題である。このたび中公文庫で復刊されるにあたり、文春文庫版から巻末の高野金太郎調査という芸能人生没年一覧と関係略年表を削ったほか、いくつかの表現をあらためている。

言葉狩りの現代では右の副題にギョッとするかもしれないが、昭和四年生まれの小沢昭一『私は河原乞食・考』（昭和四十四年九月十五日　三一書房）へと続く、この年代のこの世代を考える上では重要なキーワードである。刊行が同じ年であるのは偶然ではなく必然というべきで、戦後生まれが成人してゆく年代は、芸能の歴史にとっても大きな岐路であったと今日からは思える。本書を貫く「芸人たちの」という立場に取っても重要であるのは言うまでもないが、一方で、本当にそう呼ばれたのではない世代（おまけに都会育ちで大学に行っている）が、自らの立ち位置のためのキャッチフレーズとして召喚した観もある。昭和七年生まれの小林信彦は、のちに有名な単行本となる連載「日本の喜劇人」において、そのような姿勢を「小沢昭一の下降志向」と切った上で、「だが、小沢昭一には、どんなに下降しようとしても、上昇してしまうようなところがある」と念を押している（初出は雑誌『新劇』昭和四十七年二月号）。それ以降の経歴を考えると、都会に固執した小林信彦と、日本全国の旅に出た永六輔・小沢昭一の体質の相違をも示唆しているかもしれない。

その点で確認しておきたいのは、本書が「放浪芸能」として言及しつつも、あまり追求しなかった道の芸を、「放浪芸」という看板でライフワークとしたのが小沢昭一で、その放浪芸収集は昭和四十五年に始まる。映画会社日活がロマンポルノに舵《かじ》を切ったのは本書刊行の二年後（昭和四十六年）なので、本書はその方面の記述は薄いが、その先蹤的《せんしょうてき》な位置づけとしてのブルーフィルム制作の現場を描いたのが『エロ事師《ごとし》たち』、昭和五年生まれの野坂昭如の代表作である。今村昌平監督による映画化はいち早く昭和四十一年になされており、主演は小沢昭一。こうしてみると永六輔・小沢昭一・野坂昭如という中年御三家は、みごとに、成り余れるところと、成り合はざるところを補い合ったのであるなとも、あらためて思う次第である。

（こだま・りゅういち　早稲田大学演劇博物館館長）

単行本

『芸人たちの芸能史　河原乞食から人間国宝まで』（大宅壮一監修　ドキュメント＝近代の顔2）　番町書房　一九六九年五月刊

文　庫

『芸人たちの芸能史』文春文庫　一九七五年一二月刊

編集付記

一、本書は『芸人たちの芸能史』（文春文庫）を底本とし、明らかな誤植と思われる語は訂正した。巻末の「黄土花の世界　芸人往還録」は割愛し、新たに解説を収録した。

一、今日の人権意識に照らして不適切と思われる表現や記述について、著作権継承者と協議のうえ、最低限の言い換えや変更を行った。

JASRAC 出 2404725-401

QUANDO M'INNAMORO〈A MAN WITHOUT LOVE〉「愛の花咲くとき」
作曲：Roberto LIVERAGHI, Danièle PACE 伊語詞：Mario PANZERI
英詞：Barry MASON 日本語詞：音羽たかし&あらかわひろし

Ich Kusse Ihre Hand, Madame...

ICH KUSSE IHRE HAND MADAME / Vocal only
Words by Fritz Rotter
Music by Ralph Erwin

STANOTTE SENTIRAI UNA CANZONE
Words by Franco Bracardi
Music by Renato Queirolo

Katyusca

中公文庫

芸人《げいにん》たちの芸能史《げいのうし》

2024年7月25日　初版発行

著　者　永《えい》 六《ろく》 輔《すけ》

発行者　安 部 順 一

発行所　中央公論新社

〒100-8152　東京都千代田区大手町1-7-1

電話　販売 03-5299-1730　編集 03-5299-1890

URL https://www.chuko.co.jp/

ＤＴＰ　嵐下英治

印　刷　大日本印刷

製　本　大日本印刷

Published by CHUOKORON-SHINSHA, INC.

Printed in Japan　ISBN978-4-12-207535-1 C1195

各書目の下段の数字はISBNコードです。978－4－12が省略してあります。

中公文庫既刊より

え-1-9　あの世の妻へのラブレター　永　六輔
昌子さん、今でもあなたの声が聞こえます……。最愛の妻をがんで亡くし三年、著者の心に去来するものは。介護に関連する対談や座談も収録。
205039-6

い-137-1　本牧亭の灯は消えず　席亭・石井英子一代記　石井　英子
講談定席として多くの芸人が集った本牧亭。その席亭として昭和の演芸界を支えた「おかみさん」が語る、笑いあり涙ありの一代記。〈巻末対談〉宝井琴調・神田伯山
207122-3

か-92-1　桂馬の高跳び　坊っちゃん講釈師一代記　神田山陽(二代目)
明治生まれの若旦那、張り扇片手に芸の道へ。講談を愛し、講談に尽くした「革命家」二代目神田山陽の痛快な一代記。孫弟子・六代目神田伯山による解説収録。
207002-8

た-56-3　酔人・田辺茂一伝　立川　談志
若き談志が「人生の師」と慕った紀伊國屋書店創業者・田辺茂一。ともに遊んだ昭和のネオン街と華やかな交友関係を振り返る漫談風エッセイ。〈解説〉高田文夫
207127-8

た-56-6　芸談　談志百選　立川　談志／山藤章二 画
文楽、志ん生からビートたけし、ダウンタウン、爆笑問題まで……談志がその「芸人根性」を認めた百人を語る。山藤画伯による挿絵百一点も必見。〈解説〉立川志の輔
207419-4

た-56-7　芸談　昭和落語家伝　立川　談志／田島謹之助 写真
志ん生、文楽ら名人たちの高座風景から自宅の素顔まで。貴重な写真とともに、寄席・人形町末広の思い出を家元が語る。写真二百枚超を収録。〈解説〉立川談春
207432-3

ち-8-13　作品集　講釈場のある風景　中央公論新社 編
漱石、荷風の随筆から寂聴の短篇まで。講談専門の寄席「講釈場」や講談師たちを描いた明治・大正・昭和期の小説・随筆を集成。〈対談〉神田伯山・長井好弘
207274-9